VZ

H E V Schweiz

D1671559

Matthias Reinhart, Giulio Vitarelli

Erben und Schenken

Fakten, Umfrageergebnisse, Tipps und Ratschläge

Zürich, 2002

4., aktualisierte und überarbeitete Auflage

ISBN 3-9521824-2-7

Gestaltung und Realisation: Charlotte Ragettli, VZ, 8002 Zürich

Erben und Schenken

Steueroptimiert,
mit Weitblick und System:
Die richtige Planung
von Erbschaften
und Schenkungen

Vorwort HEV

Mit dem Thema «Erben und Schenken» wird jeder von uns einmal im Leben konfrontiert. Nach dem Buch «Vorsorge für den Erbfall», welches der Hauseigentümerverband Schweiz (HEV) 1996 veröffentlicht hat, liegt nun eine Co-Produktion des HEV mit dem VZ vor. Das Buch gibt anhand vieler Beispiele praktische Tipps für die richtige Erbschaftsplanung. Die im Ratgeber ebenfalls berücksichtigten steuerrechtlichen Aspekte dürften nicht nur die Grundeigentümer besonders interessieren.

Wir sind überzeugt, dass der vorliegende Ratgeber zum wertvollen Wegbegleiter für viele HauseigentümerInnen wird. An dieser Stelle möchten wir dem Geschäftsleiter des VZ VermögensZentrum, Herrn Matthias Reinhart, und seinen Mitarbeiterinnen und Mitarbeitern für die angenehme Zusammenarbeit und die kompetente Unterstützung herzlich danken.

Selbstverständlich steht Ihnen auch der HEV jederzeit gerne mit Rat zur Seite. Unsere Mitglieder erhalten Rechtsauskünfte kostenlos und sämtliche Dienstleistungen zu Vorzugskonditionen. Mehr Informationen zum HEV (inkl. komplettes Bücher- und Kursangebot) finden Sie auf unserer Website www.hev-schweiz.ch. Besuchen Sie uns!

Ihr HEV Schweiz

Vorwort VZ

Jedes Jahr werden etwa 90 Milliarden Franken vererbt. Dabei steht der Wunsch, dass der letzte Wille respektiert und entsprechend umgesetzt wird, im Vordergrund. Die Praxis zeigt aber: Sobald es um Geld geht, sind Konflikte vorprogrammiert. Probleme sind vermeidbar, wenn der verantwortungsvolle Erblasser rechtzeitig die notwendigen Schritte unternimmt. Ein weiteres Argument für eine gezielte Nachlassplanung ist die Optimierung der Erbschaftssteuern. Denn ohne besondere Vorkehrungen erbt der Fiskus kräftig mit.

Für das vorliegende Buch sind die Erfahrungen aus der Beratungspraxis im VZ VermögensZentrum aufgearbeitet worden. Viele Beispielrechnungen sollen helfen, den Sachverhalt besser zu verstehen. Grafiken und Tabellen veranschaulichen die wichtigsten Zusammenhänge. Für die vierte Auflage wurde «Erben und Schenken» vollständig überarbeitet und aktualisiert.

Natürlich ersetzt dieses Buch nicht die fundierte Beratung. Es soll aber nützlich sein als Vorbereitung für ein persönliches Gespräch mit einem fachlich versierten Berater. Und mit Hilfe der hier aufgeführten Tipps und Empfehlungen können Sie die wichtigsten Fehler beim Erben und Schenken vermeiden.

Matthias Reinhart, VZ-Geschäftsleiter

Kapitel 1

Das Schweizer Erbvermögen

Gesamt- und Durchschnittsvermögen

Die Erblasser sind 60 bis 90, die Erben 60 Jahre alt

Die Schweiz hat Jahrzehnte des Wohlstands und der Vermögensakkumulation hinter sich. Entsprechend sind Vermögensübergänge auf die nächste Generation so hoch wie noch nie. Doch wer sind die Erblasser und wer sind die Erben? Zumindest bezüglich des Alters kann man die Antwort aus der nebenstehenden Tabelle ablesen:
Die Erblasser sind in der Regel zwischen 60 und 90 Jahre alt – das ist die ungefähre Restlebenserwartung der meisten Personen. Übrigens: das statistische Endalter steigt mit zunehmendem Alter. Beispielsweise beträgt die Restlebenserwartung eines 65-jährigen Mannes noch 19 Jahre, d.h. er wird im Schnitt 84 Jahre alt. Ist er aber erst einmal 84 Jahre alt geworden, so hat er gemäss Statistik noch weitere 6 Jahre zu leben.
Die Erben sind 20 bis 30 Jahre jünger als ihre Elterngeneration, also um die 60 Jahre alt. Will man die Zusammenhänge beim Erben und Schenken untersuchen, muss man sich vor allem auf die Generation der über 60-Jährigen konzentrieren.

Jeder Schweizer besitzt 275'000 Fr.

Wie viel Vermögen wird im Rahmen von Erbschaften weitergegeben? Dazu muss man zunächst das gesamte private Vermögen der Schweiz schätzen. Per 1.1.2002 kommt man auf einen Totalbetrag von 1'920 Milliarden Franken. Das bedeutet für jeden der sieben Millionen Einwohner durchschnittlich 275'000 Franken. Basis dieser Schätzung ist das in den Steuererklärungen erfasste

Restlebenserwartung in Jahren

Alter	Frauen	Männer
65	24,46	18,82
66	23,56	18,04
67	22,67	17,26
68	21,79	16,50
69	20,91	15,76
70	20,04	15,02
71	19,17	14,30
72	18,30	13,58
73	17,44	12,87
74	16,59	12,19
75	15,76	11,52
76	14,92	10,87
77	14,10	10,24
78	13,29	9,62
79	12,49	9,02
80	11,72	8,44
81	10,92	7,88
82	10,24	7,34
83	9,53	6,82
84	8,86	6,32
85	8,21	5,84

Quelle: Stauffer/Schätzle, Barwerttafeln 5. Auflage 2001

Schätzung des privaten Vermögens

Position	Vermögen	Erläuterungen
Reinvermögen per 1.1.1997	750 Mrd. Fr.	Reinvermögen der natürlichen Personen per 1.1.1997 gemäss Gesamtschweizerischer Vermögensstatistik (Eidg. Steuerverwaltung)
Wertveränderung bis 1.1.2002	+253,7 Mrd. Fr.	Annahme: +6% p.a. (die jährlichen Wachstumsraten der Kantone mit verfügbaren Steuerstatistiken liegen zwischen 4% und 8% p.a.)
Aufwertung von Liegenschaften	+334,6 Mrd. Fr.	Annahme: Die Steuerwerte der Liegenschaften betragen nur 60% der Verkehrswerte; die Liegenschaften machen 50% des Reinvermögens aus
Vorsorgeguthaben 2. Säule und Säule-3a-Guthaben	+584,1 Mrd. Fr.	Die aktuellen Zahlen von 1999 (458,8 Mrd. Fr. und 29,2 Mrd. Fr.) werden unter Annahmen von Sparquoten und Verzinsungen aufs Jahr 2002 hochgerechnet
Total Vermögen per 1.1.2002	**1'922,4 Mrd. Fr.**	

Berechnungen: VZ VermögensZentrum

Reinvermögen aller Steuerpflichtigen per 1.1.1997. Dieses Vermögen hat sich jährlich um durchschnittlich 6% erhöht. Die Steuerzahlen müssen um die effektiven Werte der Liegenschaften korrigiert werden. Da Liegenschaften etwa 50% des Reinvermögens ausmachen, ist diese Korrektur erheblich. Was in der Steuererklärung gar nicht erfasst wird, sind die Guthaben der zweiten und dritten Säule. Allein das Pensionskassenvermögen betrug im Jahr 1999 458 Milliarden Franken.

Grosse kantonale Unterschiede beim Durchschnittsvermögen

Im kantonalen Vergleich des durchschnittlichen Vermögens ergeben sich grosse Unterschiede. Gegenüber der Durchschnittszahl von 193'000 Franken sind die Kantone Wallis, Jura und Neuchâtel 30% bis 50% ärmer. Die reichsten Leute wohnen erwartungsgemäss im Kanton Zug. Aber auch der bevölkerungsreiche Kanton Zürich liegt um rund die Hälfte über dem Durchschnitt.

Die Zahlen in der untenstehenden Grafik sind per 1.1.1997; sie wurden um die Mängel der Steuererklärungen nicht korrigiert und beziehen sich auf einen Steuerpflichtigen, also einen Haushalt, und nicht auf eine Einzelperson.

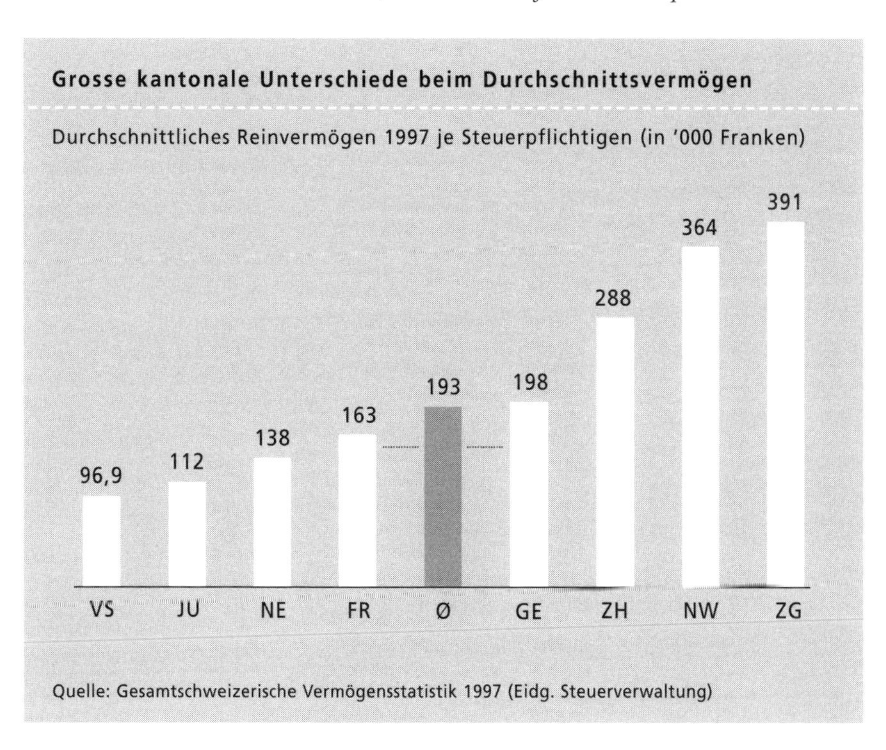

Quelle: Gesamtschweizerische Vermögensstatistik 1997 (Eidg. Steuerverwaltung)

Vermögensklassen nach Alterskategorien

20% Rentner besitzen 50% des Gesamtvermögens

Interessante Ergebnisse liefert die Analyse der Vermögenszahlen nach Altersklassen: Die Rentner, die gut einen Fünftel der Gesamtbevölkerung ausmachen (!), besitzen fast die Hälfte des Vermögens. Eigentlich ist das auch gar nicht weiter verwunderlich. Denn im Rentenalter kommen gleich mehrere Vermögenseffekte zusammen. Erstens ist am Ende des Erwerbslebens das Maximum an persönlich gespartem Vermögen erreicht. Zweitens kommen jetzt Gelder zur Auszahlung, die für die Altersvorsorge gedacht sind (Pensionskasse, Säule 3a, Lebensversicherungen). Drittens kommen Erbschaften hinzu, denn, wie bereits gesagt: geerbt wird in der Regel erst ab Alter 60.

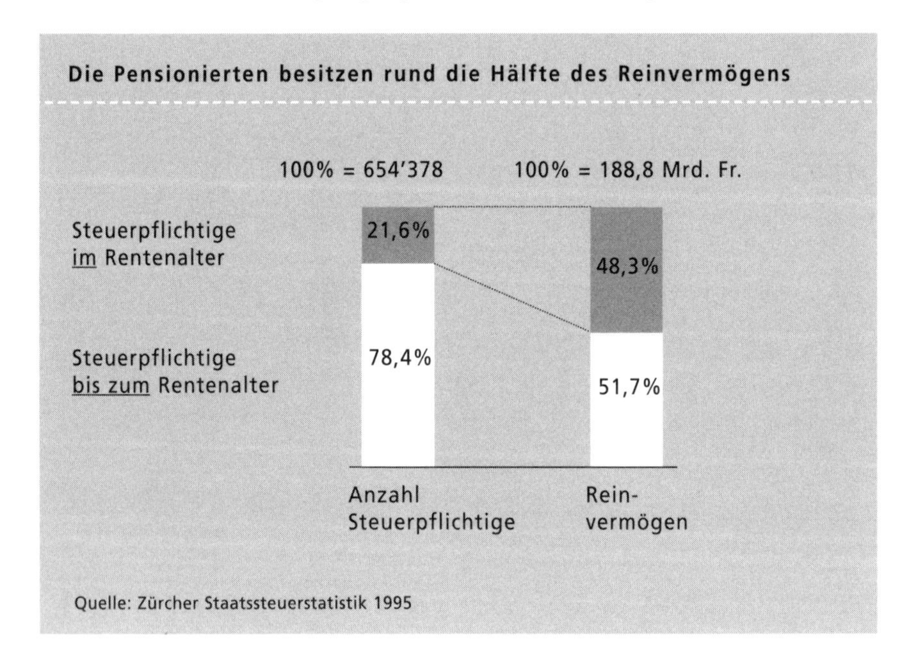

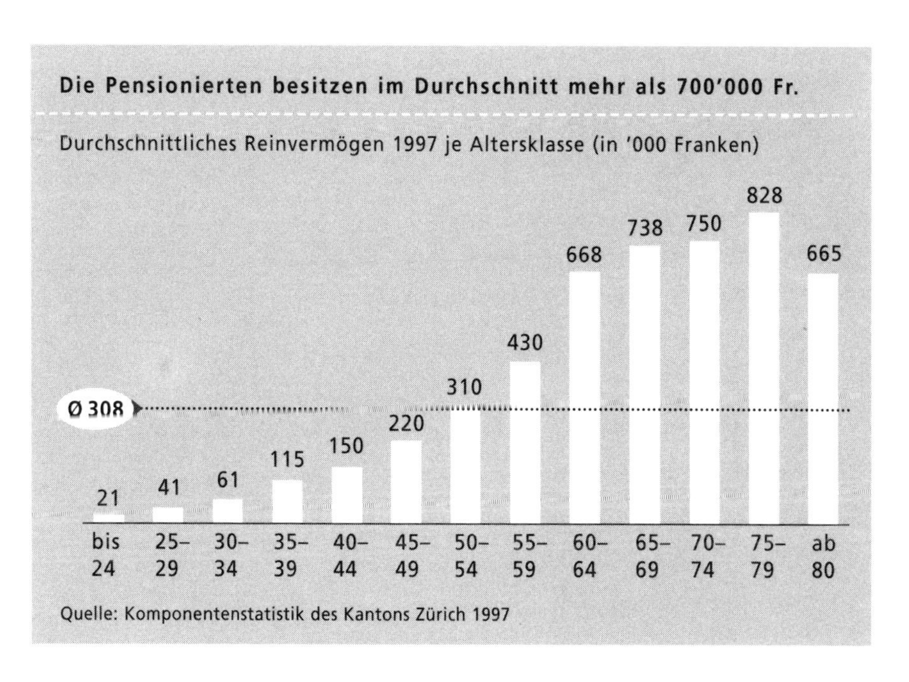

Rentner besitzen mehr als 700'000 Fr.

Die obenstehende Grafik veranschaulicht den «Alters-Vermögenseffekt» nochmals sehr deutlich: Bis Alter 40 ist das Vermögen recht bescheiden. Danach wächst das Reinvermögen alle 5 Jahre um bis zu 45%, um im Alter von 80 Jahren den Höhepunkt zu erreichen. Im Rentenalter besitzt ein Steuerpflichtiger mehr als 700'000 Franken – und zwar im Durchschnitt!

Übrigens stützt sich auch dieses Zahlenbeispiel wiederum auf Angaben aus den Steuererklärungen ab (Basis: Kanton Zürich 1997). Die effektiven Zahlen lägen also nochmals um einiges höher. Allerdings beziehen sich die Zahlen auf einen durchschnittlichen Steuerpflichtigen, d.h. auf einen Haushalt, und nicht auf eine einzelne Person.

Jeder achte Steuerpflichtige im Rentenalter ist Millionär

Reinvermögen	Steuerpflichtige im Rentenalter (100% = 141'495)	Steuerpflichtige bis zum Rentenalter (100% = 512'883)
über 1 Mio. Fr.	12,7%	3,2%
500'000 – 999'999 Fr.	14,5%	4,8%
250'000 – 499'999 Fr.	17,0%	7,7%
100'000 – 249'999 Fr.	19,5%	13,4%
unter 100'000 Fr.	36,3%	70,9%

Quelle: Zürcher Staatssteuerstatistik 1995

Nebst den Durchschnittszahlen gibt die Verteilung des Vermögens Aufschluss über die mögliche Erbmasse. Das spektakulärste Ergebnis vorweg: Jeder achte Steuerpflichtige im Rentenalter ist Millionär – bei den Jüngeren sind es gerade mal 3,2%.

Die Hälfte des Erbes besteht aus Liegenschaften

Wir können festhalten: Bei einem Erbfall handelt es sich in der Regel um grössere Vermögensübergänge. Was genau vererbt wird, zeigt die Grafik rechts: Die Hälfte der Aktiven (vor Abzug von Schulden) ist in Liegenschaften investiert; 26% entfallen auf selbst bewohntes Wohneigentum, 24% auf Zweit- oder Ferienwohnungen und auf fremdvermietete (Rendite-)Objekte. 30% der Aktiven sind Wertschriften (Aktien, Obligationen, Fondsanteile) oder liegen auf verschiedenen Konti. Bereits 15% der Aktiven sind in Guthaben der zweiten bzw. dritten Säule

gebunden, der Grossteil davon in der Pensionskasse. Dieser Anteil wird in Zukunft noch wachsen, denn das BVG wurde schliesslich erst 1985 eingeführt.
Würde man eine Umfrage über die Vermögenszusammensetzung machen, sähe das Ergebnis wahrscheinlich anders aus. Die Liegenschaft würde tiefer geschätzt, weil man die Hypothek gedanklich direkt mit der Liegenschaft verknüpft. Doch bei einer Erbschaft spielt es keine Rolle, in welcher Art Schulden vorhanden sind und welcher Vermögensteil als Sicherheit dient – genausogut könnte das Wertschriftendepot oder das Pensionskassenguthaben verpfändet sein. Weiter ginge bei einer Umfrage mit grosser Wahrscheinlichkeit der Pensionskassenanspruch vergessen. Dafür würde man den Wertschriftenanteil vermutlich zu hoch schätzen. Denn ein Anleger beschäftigt sich vermutlich öfters mit Fragen, die sein Depot betreffen, als mit Fragen zu Eigenheim oder Pensionskasse.

Die Aktiven sind nahezu hälftig auf Wertschriften und Liegenschaften aufgeteilt

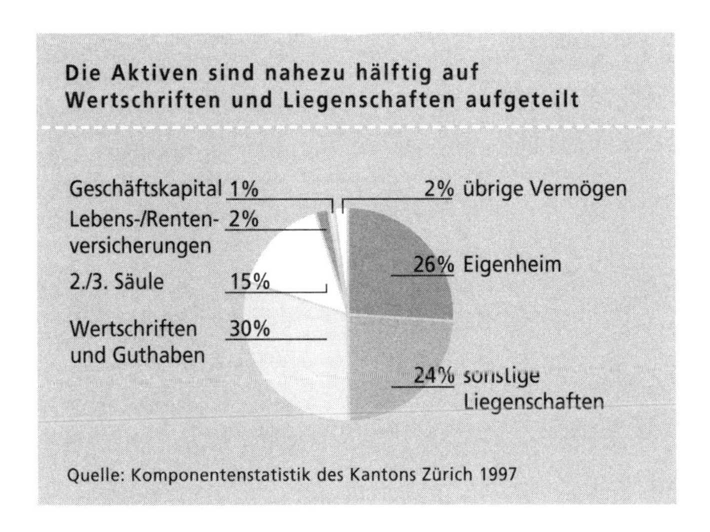

Quelle: Komponentenstatistik des Kantons Zürich 1997

Mit zunehmendem Alter steigt der Wertschriftenanteil

Aufteilung der Aktiven in Prozent (für ausgewählte Altersgruppen)

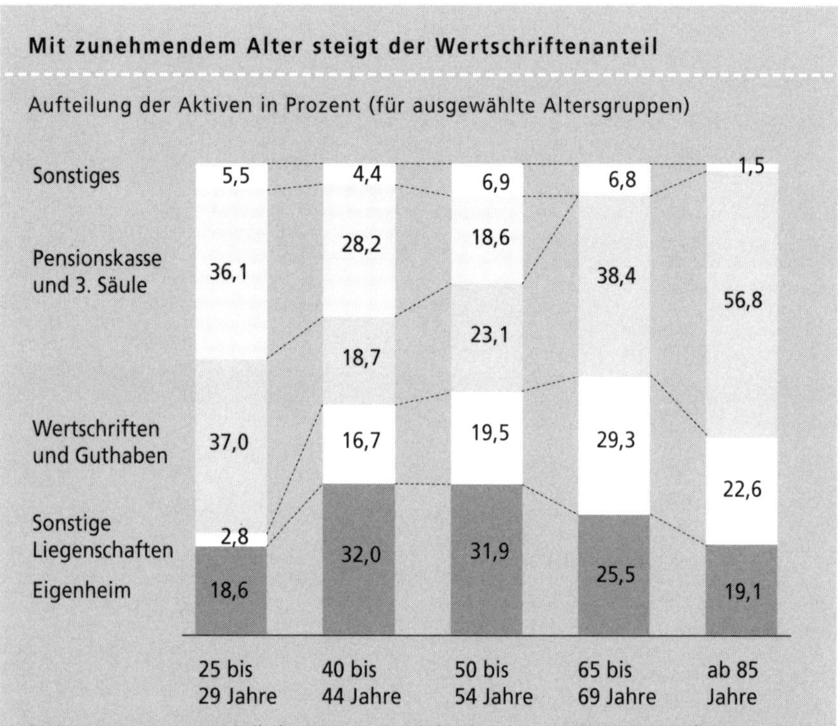

Basis: Komponentenstatistik des Kantons Zürich (Stichprobe von 18'337 Steuerpflichtigen 1997 mit Angaben für das Jahr 1996); Liegenschaften aufgewertet (Annahme: Steuerwert = 60% der Verkehrswerte); Lebensversicherungen ab Alter 50 um 30% aufgewertet; Pensionskassen-, Freizügigkeits- und Säule-3a-Guthaben von Gesamttotal 1996 (426 Mrd. Fr., 6,9 Mrd. Fr. und 28,1 Mrd. Fr.) mit speziellem Berechnungsmodell auf Jahrgänge verteilt; Aktiven vor Abzug von Schulden (siehe Grafik «Verschuldungsgrad»)

Die Zusammensetzung des Vermögens ändert sich je nach Lebenssituation. Bei den Jungen ist das kollektive Zwangssparen der zweiten und dritten Säule der wichtigste Vermögensteil. Ungefähr ab Alter 40 wird das Eigenheim zum wichtigsten Vermögensposten. Die Rentner schliesslich haben den grössten Teil ihres Vermögens in Wertschriften und auf dem Konto. Im Zusammenhang mit Erbschaften ist diese Altersgruppe am wichtigsten.

Nur wenig an Schulden wird vererbt

Viele Erben haben Angst davor, dass sie später einmal nur Schulden erben. Zumindest im statistischen Mittel ist diese Angst unbegründet. Die Verschuldung, gemessen in Prozent der steuerlich erfassten Aktiven, beträgt maximal ein Drittel und nimmt im Alter deutlich ab, vor allem wegen der Liegenschaften: Mit 40 Jahren wird gebaut oder gekauft, mit Schulden von rund 80% des Preises. Durch regelmässige Amortisationen, aber auch durch grössere Abzahlungen, z.B. mit Pensionskassenkapital, wird die Schuld aufs Alter hin fast vollständig abgetragen.

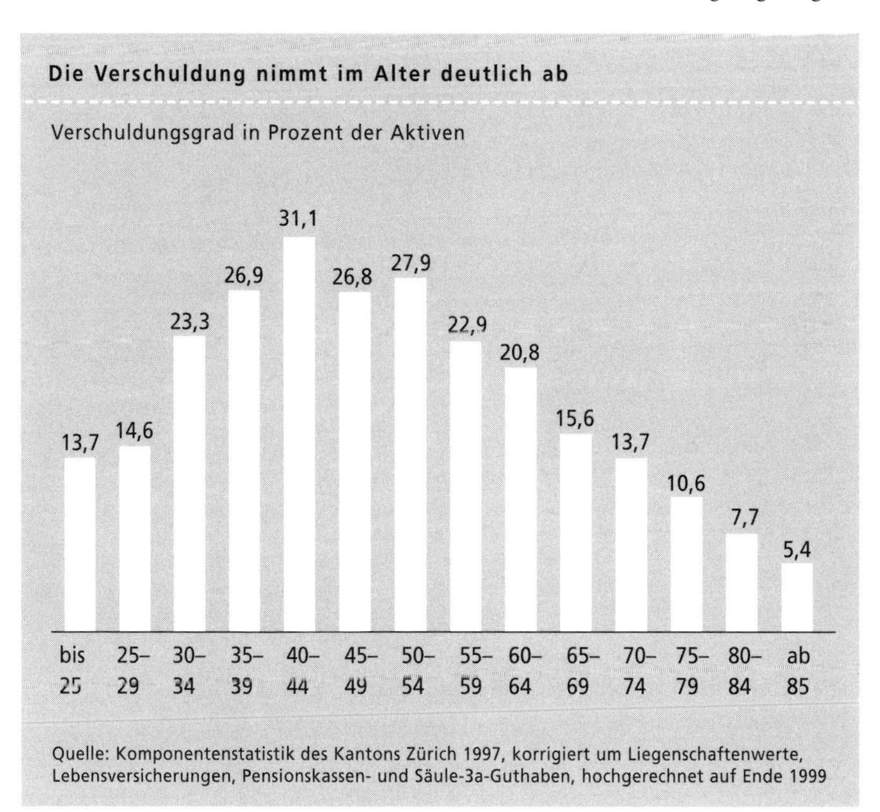

Quelle: Komponentenstatistik des Kantons Zürich 1997, korrigiert um Liegenschaftenwerte, Lebensversicherungen, Pensionskassen- und Säule-3a-Guthaben, hochgerechnet auf Ende 1999

Umfrage zum Thema «Erben und Schenken»

Nach wie vor geringe Bereitschaft für Erbvorbezüge

Im Frühjahr 1999 haben das «VZ VermögensZentrum» und das Wirtschaftsmagazin «BILANZ» eine repräsentative Studie zum Erben und Schenken in Auftrag gegeben. Ein interessantes Ergebnis betrifft die Bereitschaft potenzieller Erblasser für einen Erbvorbezug: Nur 18% der Befragten wären bereit, einen substanziellen Teil ihres Vermögens (mehr als 25%) vorzeitig zu verschenken. Das ist schade, denn aufgrund der statistischen Lebenserwartung sind die Erben im Normalfall auch bereits im Rentenalter. Das geerbte Geld ist zwar eine willkommene Aufstockung der Altersvorsorge, aber wirklich gebraucht hätte man das Kapital wahrscheinlich in früheren Jahren. Die Gründe der potenziellen Erblasser für und gegen vorzeitiges Verschenken sehen Sie in der Aufstellung rechts. Das wichtigste Argument für einen Erbvorbezug ist, den

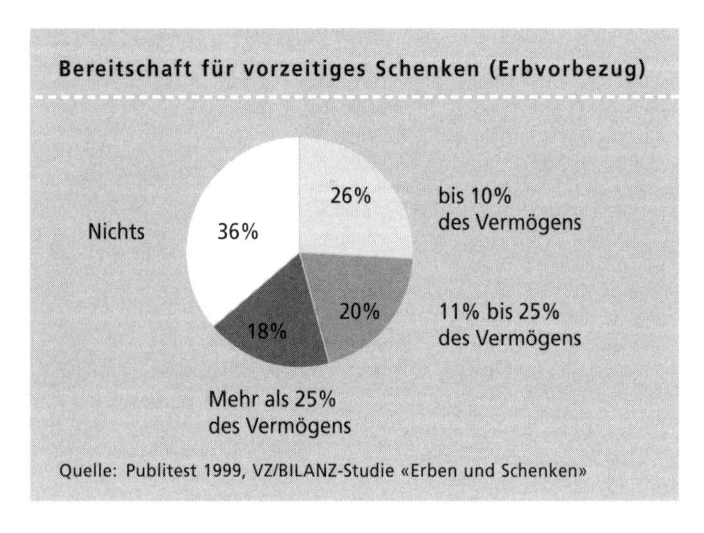

Gründe für und gegen vorzeitiges Verschenken von Vermögen

Angaben in Prozent, jeweils 2 Nennungen möglich

Pro «vorzeitiges Verschenken (Erbvorbezug)»

1. Chance für die Jungen	75%
2. Steuerersparnis	47%
3. Freude am Geben	38%
4. Andere haben Geld nötiger	23%

Contra «vorzeitiges Verschenken (Erbvorbezug)»

1. Eigene Vorsorge wichtiger	77%
2. Eigengebrauch	46%
3. Angst, Vermögen reicht nicht	37%
4. Schenkungen verwöhnen die Kinder	9%
5. Jeder soll für sich selber sorgen	7%

Quelle: Publitest 1999, VZ/BILANZ-Studie «Erben und Schenken»

Jungen eine Chance zu geben, beispielsweise für einen Hauskauf oder eine Geschäftsgründung. Auch die Steuerersparnis wird relativ häufig genannt. Der wichtigste Grund gegen einen Erbvorbezug ist die eigene Altersvorsorge. Bei einer soliden Einkommensplanung, d.h. einem langfristigen Liquiditätsplan mit ausreichend einkalkulierten Reserven, sollte dies aber kein Punkt sein. Vielleicht wäre die Bereitschaft für einen vorzeitigen

Verwendung einer Erbschaft von 250'000 Fr.

	Nennungen	Investition
Anlage in Wertschriften	77%	144'000 Fr.
Ferien, Reisen	62%	33'000 Fr.
Etwas Schönes kaufen	42%	32'000 Fr.
Eigenheim kaufen	40%	150'000 Fr.
Auto kaufen	34%	39'000 Fr.
Schulden abbezahlen	21%	62'000 Fr.
Investition ins Geschäft	20%	67'000 Fr.

Quelle: Publitest 1999, VZ/BILANZ-Studie «Erben und Schenken»

Potenzielle Erben sind aktive Konsumenten

Erbvorbezug grösser, wenn die Erblasser wüssten, was ihre Erben mit dem Geld anfangen würden? Die Ergebnisse der VZ/BILANZ-Umfrage zeigen, was potenzielle Erben mit einer Erbschaft von 250'000 Franken tun würden:
Die erste Antwort ist erstaunlich vernünftig. 77% würden das Geld in Wertschriften anlegen, und zwar 144'000 Franken. An zweiter und dritter Stelle stehen jedoch klare Konsumwünsche: Ferien und Reisen bzw. etwas Schönes kaufen. An vierter Stelle rangiert der Wunsch nach den eigenen vier Wänden. 150'000 Franken würden diejenigen für ein Eigenheim einsetzen, die diese Verwendung angekreuzt haben. Das Unternehmertum ist mit 20% bei den potenziellen Erben schwach ausgeprägt.

Hohes Informationsbedürfnis zum Thema «Erben und Schenken»

Die repräsentative Umfrage von VZ und BILANZ zeigt, dass zum Thema «Erben und Schenken» ein grosses Informationsbedürfnis besteht. Einerseits fühlen sich rund ein Drittel aller Befragten wenig informiert. Andererseits zeigt die Antwort auf die Frage «Möchten Sie mehr wissen?», welche Fragen besonders wichtig sind. Eine der brennendsten Fragen betrifft die Steueroptimierung.

Informationslücken und -bedürfnisse zum Thema Erben

Befragung der potenziellen Erblasser

	Fühlen sich wenig informiert	Möchten mehr wissen
Erbschaftssteuern sparen	37%	63%
Vorteile von Schenkungen und Erbvorbezügen	36%	63%
Erbvorgang optimal planen	34%	56%
Regelung von Pflichtteilen	31%	41%
Sicherstellung, dass der eigene Wille umgesetzt wird	28%	52%
Aufstellen von Testament/Erbvertrag	26%	43%
Besondere Begünstigung einer Person	26%	37%

Quelle: Publitest 1999, VZ/BILANZ-Studie «Erben und Schenken»

Kapitel 2

Wie hoch ist das Erbe?

Die drei Güterstände

Ein Erbfall bringt die Frage mit sich, welches Vermögen überhaupt in den Nachlass fällt. Bei einer alleinstehenden Person ist dies verhältnismässig einfach. Schwieriger wird es bei Verheirateten. Denn hier muss auseinander gehalten werden, was dem Ehemann und was der Ehefrau gehört. Dieser Vorgang – die güterrechtliche Auseinandersetzung – ist abhängig davon, welchen Güterstand die Eheleute gewählt haben. Der Güterstand regelt die Anrechte, welche sich die Eheleute gegenseitig auf Vermögen und Einkommen einräumen. Es gibt drei Güterstände: die Errungenschaftsbeteiligung, die Gütertrennung und die Gütergemeinschaft. Als ordentlicher Güterstand gilt die Errungenschaftsbeteiligung. Ausserordentliche Güterstände, die man vertraglich regeln muss, sind die Gütertrennung und die Gütergemeinschaft.

Errungenschaftsbeteiligung

Der wichtigste Güterstand, die Errungenschaftsbeteiligung, unterscheidet zwischen dem Eigengut und der Errungenschaft der beiden Eheleute. Zum Eigengut gehört alles, was ein Partner in die Ehe eingebracht hat, was er während der Dauer der Ehe geerbt hat oder was ihm unentgeltlich zugesprochen worden ist (inkl. Wertzuwachs des Eigenguts). Zur Errungenschaft gehört alles Vermögen, das aus dem Erwerbseinkommen angespart wurde. Dazu gehören auch Leistungen aus staatlicher und beruflicher Vorsorge sowie Erträge aus dem Eigengut (beispielsweise Zinsen oder Mieteinnahmen). In den

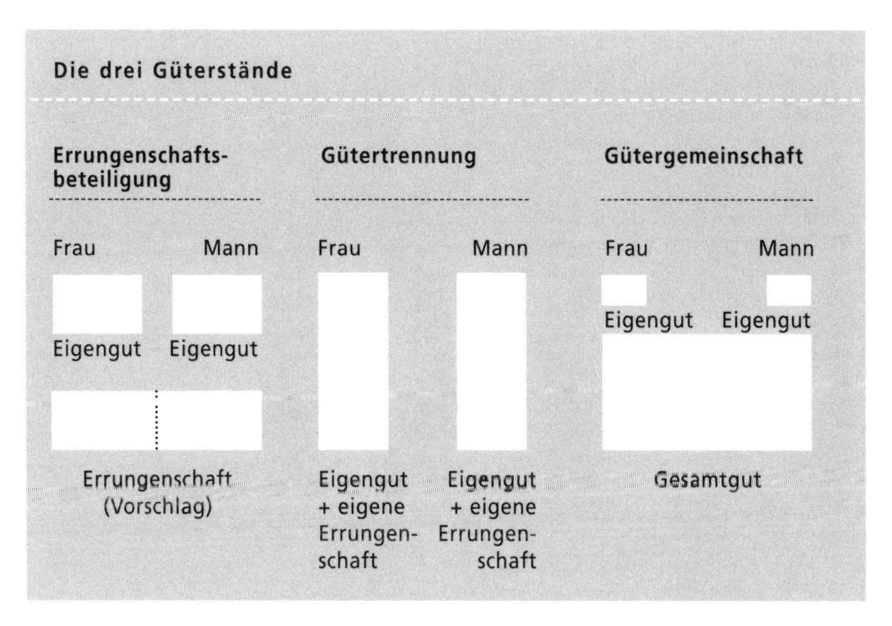

Nachlass kommt das Eigengut des Verstorbenen, die Hälfte seiner Errungenschaft sowie die Hälfte der Errungenschaft des überlebenden Ehepartners.

Güter-trennung

Bei einer Gütertrennung bleiben Eigengut und Errungenschaft von Mann und Frau getrennt. Im Todesfall ist keine güterrechtliche Auseinandersetzung nötig, da die Vermögenswerte bereits klar zugeteilt sind.

Güter-gemeinschaft

In der Gütergemeinschaft gehört praktisch alles Vermögen den Eheleuten gemeinsam (Gesamtgut). Das Eigengut beschränkt sich auf Gegenstände zum persönlichen Gebrauch und Genugtuungsansprüche. Auch Erbschaften fallen ins Gesamtgut. In den Nachlass kommt das Eigengut des Verstorbenen und die Hälfte des Gesamtguts.

Nachlassermittlung bei Errungenschaftsbeteiligung

Bei einem Todesfall erstellt man am besten eine Inventarliste, in der sämtliche Vermögenswerte aufgeführt sind. In untenstehendem Beispiel beträgt das Gesamtvermögen 1,15 Millionen Franken. Eine provisorische Zuteilung auf

Inventarliste über das Gesamtvermögen

Angaben in Franken

	Wert per Stichtag	**Inventar-**	**Provisorische Zuteilung Ehefrau**	**Ehemann**
Liegenschaft (Verkehrswert)		800'000	–	*800'000*
Wertschriften, Konti und andere Vermögenswerte				
• Depot Ehemann	120'000			
• Salärkonto Ehemann	20'000	140'000	–	*140'000*
• Salärkonto Ehefrau	45'000			
• Sparkonto Ehefrau (Erbvorbezug von 30'000)	35'000	80'000	*80'000*	–
Gegenstände des persönlichen Gebrauchs (Kleider, Uhren etc.)		30'000	*20'000*	*10'000*
Sonstige Vermögenswerte				
• Möbel	40'000		–	*40'000*
• Bildersammlung	40'000		–	*40'000*
• Auto	20'000	100'000	–	*20'000*
Total Vermögen		**1'150'000**	***100'000***	***1'050'000***

Quelle: VZ VermögensZentrum

Ehefrau und Ehemann führt zu einem Vermögen der Ehefrau von 100'000 Franken und des Ehemannes von 1,05 Millionen Franken. Die korrekte güterrechtliche Auseinandersetzung ergibt jedoch einen Nachlass der Ehefrau von 365'000 Franken und des Ehemannes von 755'000 Franken. Die Abweichungen gegenüber der provisorischen Zuteilung (100'000 und 1'050'000 Franken) werden nachfolgend erläutert.

Regelung gegenseitiger Beteiligungen und Schulden

Die Liegenschaft ist auf den Ehemann eingetragen, der diese für 600'000 Franken gekauft hat. Zur Bezahlung der Liegenschaft hat die Ehefrau dem Ehemann jedoch 150'000 Franken gegeben. Er bezahlt ihr keinen Zins und vereinbart haben die Eheleute nichts Besonderes. Bei

Herleitung des Mehrwertanteils

Ausgangslage: Ehemann kauft auf seinen Namen ein Haus und bekommt dafür Geld von seiner Frau

Kaufpreis	**600'000 Fr.**	
• Anteil Ehemann (Eigengut)	450'000 Fr.	
• Anteil Ehefrau (bezahlt aus Eigengut)	150'000 Fr.	(25%)
Verkehrswert/Verkaufspreis	**800'000 Fr.**	
Mehrwert	**200'000 Fr.**	
• Anteil Ehemann	150'000 Fr.	
• Anteil Ehefrau	50'000 Fr.	(25%)

Quelle: VZ VermögensZentrum

Auflösung der Ehe werden 150'000 Franken vom Eigengut des Ehemanns abgezählt und zum Eigengut der Ehefrau dazugezählt.

Mehrwertanteil

Auch die Wertzunahme der Liegenschaft kommt nicht einseitig dem Ehemann, sondern zu einem Viertel auch der Ehefrau zu. Damit ergibt sich eine weitere Vermögensverschiebung von 50'000 Franken vom Ehemann zur Ehefrau (25% x 200'000 Franken Mehrwert). Eine Beteiligung an einem allfälligen Minderwert besteht nicht. Die Ehefrau würde also bei einem Wertverlust der Liegenschaft immer mindestens ihre 150'000 Franken zurückerhalten. Keinen Mehrwertanteil, sondern nur die ursprüngliche Summe schuldet der Ehemann, wenn er der Ehefrau Gegenleistungen erbringt, beispielsweise einen Zins bezahlt.

Schenkungen an Dritte

Kurz vor seinem Tod hat der Ehemann seiner Tochter 10'000 Franken geschenkt, ohne seine Frau davon in Kenntnis zu setzen. Weil diese Zuwendung während der letzten fünf Jahre vor dem Tod und ohne Zustimmung des anderen Ehepartners erfolgte, ist sie der Errungenschaft des Ehemanns hinzuzurechnen.

Ersatzforderung

Der Kauf von Möbeln für 40'000 Franken durch den Ehemann konnte nicht vollständig mit dessen Lohn (Errungenschaft) bezahlt werden. Die Ehefrau steuerte 10'000 Franken aus dem väterlichen Erbe bei (Eigengut) und besitzt damit eine Ersatzforderung, die der

Errungenschaft des Ehemanns abgerechnet und dem Eigengut der Ehefrau zugerechnet wird.

Persönliche Schulden

Persönliche Schulden werden von der Errungenschaft abgezogen. In unserem Beispiel hatte der Ehemann 40'000 Franken für den Kauf eines Autos aufgenommen; seine Errungenschaft wird nun um diesen Betrag reduziert.

Im Zweifel zur Errungenschaft

Häufig ist es nach vielen Ehejahren beim besten Willen nicht mehr möglich, einzelne Vermögenswerte einwandfrei zuzuordnen. Dann gilt – bis zum Beweis des Gegenteils –, dass sie zur Errungenschaft gehören. Die wenigsten offenen Fragen gibt es, wenn die Eheleute ein Inventar über ihr jeweiliges Vermögen erstellen; am besten mit Hilfe eines Notars oder einer anderen Urkundsperson.

Vorschlag und Rückschlag

Die um alle oben genannten Spezialfälle korrigierte Errungenschaft ist der so genannte Vorschlag. Jeder Ehegatte hat Anspruch auf die Hälfte des Vorschlags des anderen. Hat sich die Errungenschaft negativ entwickelt, spricht man von einem Rückschlag, den der überlebende Partner ausschlagen kann.

Das Resultat: der Nachlass

In den Nachlass fallen das Eigengut, die Hälfte des Vorschlags des verstorbenen Ehegatten sowie die Hälfte des Vorschlags des überlebenden Ehegatten. In unserem Beispiel beträgt der Nachlass somit 365'000 Franken (Tod der Ehefrau) bzw. 755'000 Franken (Tod des Ehemanns). Eine Zusammenfassung zeigt die folgende Seite.

Beispiel einer güterrechtlichen Auseinandersetzung

Angaben in Franken

Vermögenswerte	Beispiele
• Gegenstände des persönlichen Gebrauchs	Kleider, Uhren, Schmuck
• Vermögenswerte, die in die Ehe eingebracht wurden	Erbvorbezug, angelegt auf Sparkonto Erbvorbezug, verwendet für Hauskauf
• Wertsteigerung der eingebrachten Vermögenswerte	Verkehrswert abzüglich Kaufpreis der Liegenschaft
• Genugtuungsansprüche	Anspruch wegen Körperverletzung
• Erbschaften/Schenkungen während der Ehe	Erbschaft (Bildersammlung)
• Ersatzanschaffung für das Eigengut	Verkauf eines Bildes und Neukauf
Total Eigengut	
• Erspartes aus Arbeitserwerb, Versicherungsleistungen etc.	Wertschriften, Konti etc. Auto
• Erträge aus Eigengut	Zinsen von «Eigengut-Konto»
• Ersatzanschaffungen für die Errungenschaft	Verkauf eines Autos und Neukauf
• Regelung gegenseitiger Beteiligungen und Schulden	Anteil der Ehefrau am Hauskauf des Ehemannes
• Mehrwertanteil	Anteil der Ehefrau an Wertsteigerung des Hauses
• Schenkungen an Dritte[2]	Schenkung des Ehemannes an Tochter
• Ersatzforderung (Errungenschaft aus Eigengut bezahlt)	Mann kauft für 40'000 Fr. Möbel ein, Ehefrau steuert 10'000 Fr. bei
• Persönliche Schulden	Kredit des Ehemannes für Autokauf
Total (korrigierte) Errungenschaft	
Gesamttotal (Eigengut bzw. «Vorschlag»)	
Anspruch auf die Hälfte des eigenen Vorschlags	
Anspruch auf die Hälfte des Vorschlags des anderen	
Güterrechtlicher Anspruch (Nachlass, Erbmasse)	

1 Den Vorgang des Hauskaufs zeigt die vorhergehende Aufstellung detailliert
2 Während der letzten 5 Jahre, sofern keine Zustimmung des Ehepartners vorgelegen hat

Quelle: VZ VermögensZentrum

Ehefrau		Ehemann	
Eigengut	Errungenschaft	Eigengut	Errungenschaft
20'000	–	10'000	–
30'000	–	–	–
		600'000 [1]	
–	–	200'000 [1]	–
–	–	–	–
–	–	40'000	–
–	–	–	–
50'000		**850'000**	
–	45'000	–	140'000
			20'000
–	5'000	–	–
–	–	–	–
+150'000 [1]	–	–150'000 [1]	–
+50'000 [1]	–	–50'000 [1]	–
–	–	–	10'000
–	–	–	40'000
+10'000			–10'000
	–	–	–40'000
	50'000		**160'000**
260'000	**50'000**	**650'000**	**160'000**
25'000	1/2 1/2	80'000	1/2 1/2
80'000		25'000	
365'000		**755'000**	

Gütertrennung

Der ordentliche Güterstand der Errungenschaftsbeteiligung ist am weitesten verbreitet und wird seinen Zweck auch für die meisten Menschen erfüllen. Sobald aber private, familiäre oder berufliche Umstände eine Sondersituation schaffen, können die Güterstände der Gütertrennung oder der Gütergemeinschaft eventuell die Zielsetzungen von Erblassern und Erben besser erfüllen.

Gütertrennung schafft Klarheit

Bei einer Gütertrennung bleiben Eigengut und Errungenschaft von Mann und Frau getrennt. Im Todesfall ist keine güterrechtliche Auseinandersetzung nötig, da die Vermögenswerte der beiden Ehegatten bereits getrennt sind. Das gesamte Vermögen des Verstorbenen kommt in den Nachlass. Wer eine möglichst grosse finanzielle Unabhängigkeit bewahren möchte, entscheidet sich für die Gütertrennung und hat damit auch den einfachsten und klarsten Güterstand, da keine Vorschlags- und Mehrwertbeteiligung besteht.

Vorteile für Geschäftsleute

Häufig wird die Gütertrennung aus Haftungsgründen gewählt. So kann ein Geschäftsmann sein privates Vermögen der Ehefrau überschreiben und im Falle eines Konkurses das eheliche Privat-Vermögen vor dem Zugriff der Gläubiger schützen. Selbstverständlich darf dies nicht ganz gezielt kurz vor einem Konkurs erfolgen, sondern wird üblicherweise oft bereits bei der Geschäftsgründung eingeleitet.

Schutz vor Geschäftsverkauf

Ein anderer Grund, weshalb Geschäftsleute häufig die Gütertrennung bevorzugen, sind die Folgen, die eine Scheidung oder ein Todesfall für das Geschäft haben könnten. Denn häufig ist das Geschäftsvermögen der grösste bewertete Aktivposten bei der Nachlassermittlung. Und eine güterrechtliche Auseinandersetzung in der Errungenschaftsbeteiligung könnte in der Praxis häufig gar nicht umgesetzt werden. Denn wie sollte ein Geschäft, das auf dem Papier beispielsweise fünf Millionen wert ist, so aufgeteilt werden, dass der geschiedene Ehegatte oder im Todesfall die Erben zu ihrem Anteil kämen? Ein juristischer Streit wäre die Folge und die Liquidation der Firma die allerletzte – und sicherlich auch schlechteste – Möglichkeit. Erstens könnte bei einem kurzfristigen Verkauf der vermeintliche Wert der Firma nur schwerlich realisiert werden. Zweitens würden allfällig beteiligte Geschäftspartner in eine Situation mit einbezogen, für die sie gar nichts können. Deshalb verlangen partnerschaftliche Verträge oder Aktionärsbindungsverträge häufig automatisch die Bedingung einer Gütertrennung aller beteiligten Partner.

Nachteile bei Scheidung

Der Nachteil der Gütertrennung zeigt sich vor allem bei der Scheidung aus Sicht des nicht am Betrieb beteiligten Ehepartners, häufig also der Ehefrau. Diese hat güterrechtlich keinerlei Ansprüche auf das Vermögen, das der Betrieb darstellt. Deshalb sollte bei einer Gütertrennung laufend das Vermögen zwischen den Eheleuten aufgeteilt werden. Dies kann beispielsweise durch eine monatliche

Überweisung eines bestimmten Betrags vom Ehemann (Geschäftsmann) an die Ehefrau (Hausfrau) erfolgen oder durch Überschreibungen gewisser Vermögenswerte auf die Ehefrau, etwa eines Hauses oder eines Wertschriftendepots. Damit werden zwei Ziele erreicht: Erstens ist nicht alles Vermögen auf den Mann geschlüsselt; das während der gemeinsamen Ehejahre erwirtschaftete Vermögen ist einigermassen gerecht aufgeteilt. Zweitens ist das Geschäftsvermögen bei einer Scheidung nicht gefährdet, da es eindeutig dem Mann gehört.

Güter-trennung per Gesetz

Die Gütertrennung wird in beidseitigem Einverständnis in einem Ehevertrag geregelt. Gütertrennung kann es aber auch von Gesetzes wegen oder auf Anordnung des Richters geben. Das ist dann der Fall, wenn der andere Ehegatte geschützt werden muss, beispielsweise wenn über einen Ehegatten, der in Gütergemeinschaft lebt, der Konkurs eröffnet wird.

Gütergemeinschaft

Die Gütergemeinschaft vereinigt das Vermögen von Mann und Frau zum gemeinsamen Gesamtgut. Das Eigengut beschränkt sich auf Gegenstände des täglichen Gebrauchs und Genugtuungsansprüche. Wichtig: Auch alle Erbschaften und Schenkungen – vor oder während der Ehe – fallen ins Gesamtgut.

Haftungsproblem

Das Hauptproblem der Gütergemeinschaft ist die Haftung. Denn jeder Ehegatte haftet mit seinem Eigengut und dem Gesamtgut für die Schulden der ehelichen Gemeinschaft. Das kann natürlich gerade bei einem eigenen Geschäft nicht gewollt sein. Deshalb darf eine Gütergemeinschaft in einem Ehevertrag eingeschränkt werden. Bei der «beschränkten Gütergemeinschaft» werden bestimmte Vermögenswerte von der Gemeinschaft ausgeschlossen, beispielsweise das Geschäftsvermögen, das dann Eigengut des einen oder des anderen Ehegatten ist. Bei der «Errungenschaftsgemeinschaft» beschränkt sich das Gesamtgut auf die Errungenschaft. Die Eigengüter, beispielsweise Erbvorbezüge des einen oder anderen Ehegatten, bleiben bestehen.

Begünstigung des Ehepartners zu Lasten der Eltern

Vorteile kann die Gütergemeinschaft bei kinderlosen Ehepaaren bringen. Im Todesfall steht dem überlebenden Ehepartner die Hälfte des Gesamtguts zu, für den Rest gelten die Regeln des Erbrechts. Ist das Gesamtgut grösser als die Errungenschaft (der «Vorschlag»), erhält der überlebende Ehepartner bereits im Rahmen der güterrechtlichen Auseinandersetzung mehr als bei Errungenschaftsbeteiligung. Ausserdem kann ehevertraglich das Gesamtgut beim Tod eines Ehegatten dem Überlebenden zugewiesen werden. Allerdings geht dies nur, wenn keine Kinder bzw. Nachkommen vorhanden sind, sonst müssen deren Pflichtteile berücksichtigt werden. Im Falle einer kinderlosen Ehe können so die Eltern des Verstorbenen von der Erbfolge ausgeschlossen werden. Die Eltern des Verstorbenen, bzw. die Schwiegereltern des Überlebenden, gehen leer aus.

Der Teufel steckt im Detail

Einen Nachteil hat diese Konstruktion: Zwar ist der überlebende Ehegatte otpimal abgesichert, bei dessen Tod fliesst das ganze Vermögen jedoch dessen Erben zu. Die Erben des zuerst Verstorbenen erhalten nichts. Das kann dann stossend wirken, wenn das Vermögen hauptsächlich vom zuerst verstorbenen Ehegatten stammt. Diesen Nachteil kann man mit einem Erbvertrag korrigieren (Einsetzung von Nacherben). Der Pflichtteil des Vorerben darf aber nicht mit einer Nacherbschaft belastet werden.

Man sieht also: Eine umfassende Nachlassplanung muss nicht nur alle möglichen Fälle, sprich Lebenssituationen, durchspielen und entsprechend berücksichtigen, sondern auch die Restriktionen und Spielräume von Güterrecht, Erbrecht und Steuerrecht.

Kapitel 3

Wer erbt wie viel?

Gesetzliche Erbfolge

Grundsätzlich hat jeder das Recht, seinen letzten Willen frei zu formulieren. Wenn der Erblasser dieses Recht nicht nutzt, tritt die gesetzliche Erbfolge in Kraft. Je nach Familiensituation sind folgende Erben denkbar: Ehepartner, Nachkommen (auch aussereheliche oder Adoptivkinder), Geschwister, Vorfahren, Verwandte und – falls keine dieser Personen vorhanden sind – der Kanton oder die Gemeinde, in der man zuletzt seinen Wohnsitz hatte.

Pflichtteile und freie Quoten

Eine wichtige Einschränkung, die das Gesetz vorsieht, betrifft die so genannten Pflichtteile, die zwingend einzuhalten sind. Die Pflichtteile betreffen immer nur einen Teil des Vermögens. Über die so genannte freie Quote kann der Erblasser verfügen, wie immer er will.

Regeln für die gesetzliche Erbteilung

Die gesetzliche Erbfolge richtet sich nach dem Verwandtschaftsgrad. Drei Stämme oder so genannte Parentelen werden unterschieden: der Stamm des Erblassers (Nachkommen), der Stamm der Eltern und der Stamm der Grosseltern. Der Stamm geht nicht von einem Ehepaar aus, sondern immer nur vom Erblasser. Für die gesetzliche Erbteilung gelten dann folgende Regeln:

1. Der überlebende Ehepartner und die direkten Nachkommen erben immer. Sie sind Pflichterben.
2. Der nähere Stamm schliesst den entfernteren Stamm aus. Sind direkte Nachkommen vorhanden, erben allfällige Nichten und Neffen nichts.

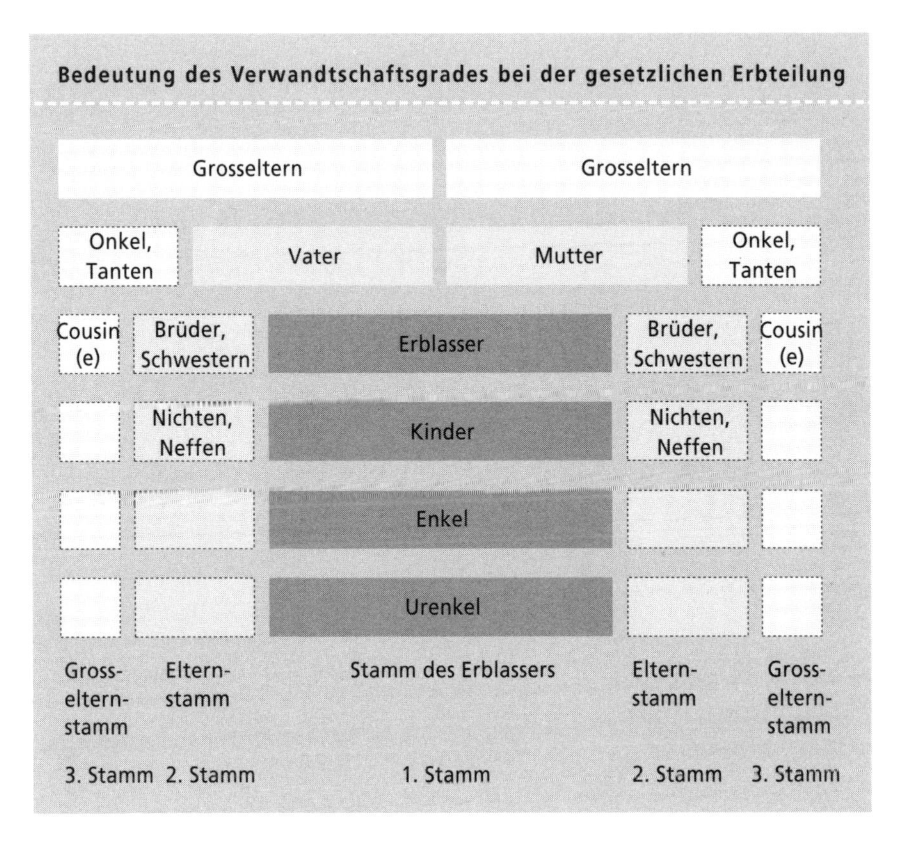

3. Ist ein Erbe schon verstorben, fällt sein Anteil an seine Nachkommen. So erben Enkel oder sogar Urenkel.
4. Gibt es weder Ehepartner noch direkte Nachkommen, geht das Erbe je zur Hälfte an Vater- und Mutterseite.
5. Solange bei einem der (gross-)elterlichen Stämme auf einer Elternseite noch Angehörige vorhanden sind, wird zwischen den beiden Elternseiten hälftig geteilt. Erst wenn auf einer Elternseite keine Angehörigen der beiden (gross-)elterlichen Stämme mehr leben, erbt die andere Elternseite alles.

Pflichtteil

Der Pflichtteil ist der gesetzlich vorgeschriebene Mindestanteil, der nahen Erben zusteht. Erben mit Pflichtteilsanspruch sind der Ehegatte, die Nachkommen und die Eltern (nur bei Fehlen von Kindern). Der Ehegatte und die Eltern haben einen Pflichtteil von 1/2 ihres gesetzlichen Erbteils. Beträgt das gesetzliche Erbe beispielsweise 1/2, beträgt der Pflichtteil entsprechend 1/4 (1/2 x 1/2). Die Nachkommen haben einen Pflichtteilsanspruch von 3/4 ihres gesetzlichen Erbteils. Ist ihr gesetzlicher Erbteil beispielsweise 1/2, so haben sie Anspruch auf einen Pflichtteil von 3/8 (1/2 x 3/4).

Eine Verfügung von Todes wegen, beispielsweise ein Testament, muss diese Pflichtteile berücksichtigen. Die übergangenen Erben können die Verfügung sonst anfechten. Die stärkste mögliche Zurücksetzung: Der Erblasser kann einen nahen Erben «auf den Pflichtteil setzen». Will er noch weiter gehen, so bedarf es spezieller Voraussetzungen. Das Ausschalten von Pflichtteilen, eine so genannte Enterbung, ist nur in Ausnahmefällen möglich.

Freie Quote

Der Erblasser kann also keineswegs unbeschränkt über sein Vermögen verfügen, es sei denn, er habe keine Nachkommen, keinen Ehepartner und keine Eltern. Frei verfügen kann er immer nur über den Teil des Nachlasses, der nicht durch Pflichtteile gebunden ist – die «freie Quote».

Vorzeitiger Tod von Erben

Gesetzlich kann nur Erbe sein, wer den Erblasser überlebt – mindestens um Sekunden oder Minuten. Auf den ersten Blick mutet diese Bedingung seltsam an, sie kann aber ungeahnte Bedeutung erlangen, zum Beispiel in einer Unfallsituation: Hat der Erbe den Erblasser überlebt, tritt er die Erbschaft an und vererbt dann seinen Anteil weiter. Stirbt der Erbe vor dem Erblasser, fällt er als Erbe aus. Nun stellt sich die Frage, wer an die Stelle des bereits verstorbenen Erben tritt.

Ersatzerben

Im Falle des vorzeitigen Todes eines Erben muss unterschieden werden zwischen gesetzlichen Erben (Verwandte innerhalb der drei Stämme) und eingesetzten Erben (beispielsweise einem Freund oder Bekannten des Erblassers): Stirbt ein gesetzlicher Erbe vor dem Erblasser, fällt die Erbschaft an seine Nachkommen. Stirbt aber ein eingesetzter Erbe vor dem Erblasser, gehen dessen Nachkommen leer aus; es gilt die gesetzliche Erbfolge. Der Erblasser kann dies verhindern, indem er einen oder mehrere Ersatzerben einsetzt. Sterben alle im Testament aufgeführten (Ersatz-)Erben vor dem Erblasser, fällt der Erbteil an die gesetzlichen Erben.

Nacherben

Das Gesetz gestattet die einmalige Einsetzung eines Nacherben. Wer Nacherben einsetzt, bestimmt zwei aufeinanderfolgende Erben. So kann auch eine Person bedacht werden, die zum Zeitpunkt der Erbfolge noch gar nicht lebt. Diese Möglichkeit nutzt ein Erblasser, der befürchtet, dass sein Erbe kinderlos bleibt und ohne Massnahme ein Grossteil seines Vermögens nach seinem Tod in fremde Hände fällt; dieser Erblasser kann zum Beispiel einen anderen Enkel als Nacherben vorsehen.

Gesetzliche Erbfolge und Pflichtteile: Ehepaar

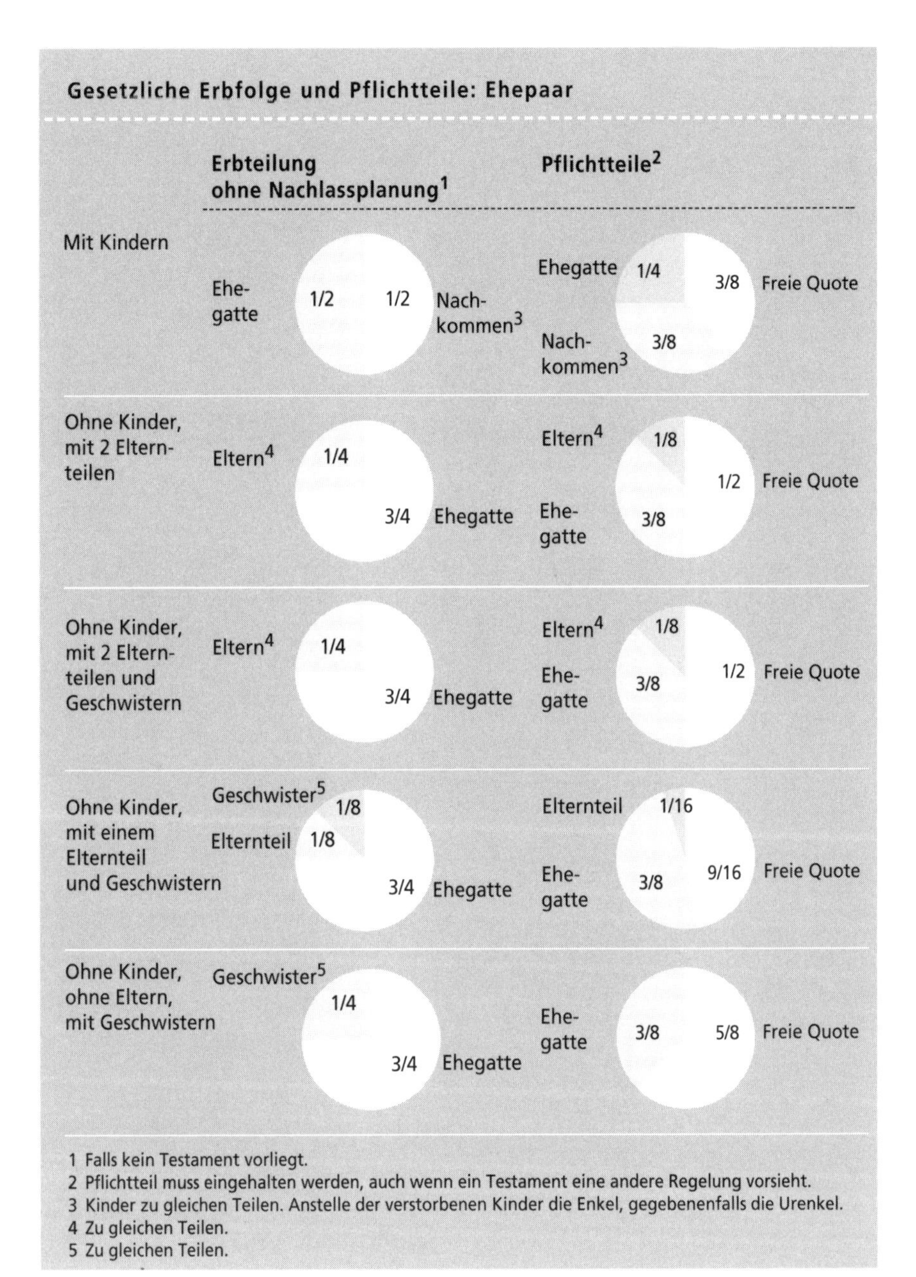

1 Falls kein Testament vorliegt.
2 Pflichtteil muss eingehalten werden, auch wenn ein Testament eine andere Regelung vorsieht.
3 Kinder zu gleichen Teilen. Anstelle der verstorbenen Kinder die Enkel, gegebenenfalls die Urenkel.
4 Zu gleichen Teilen.
5 Zu gleichen Teilen.

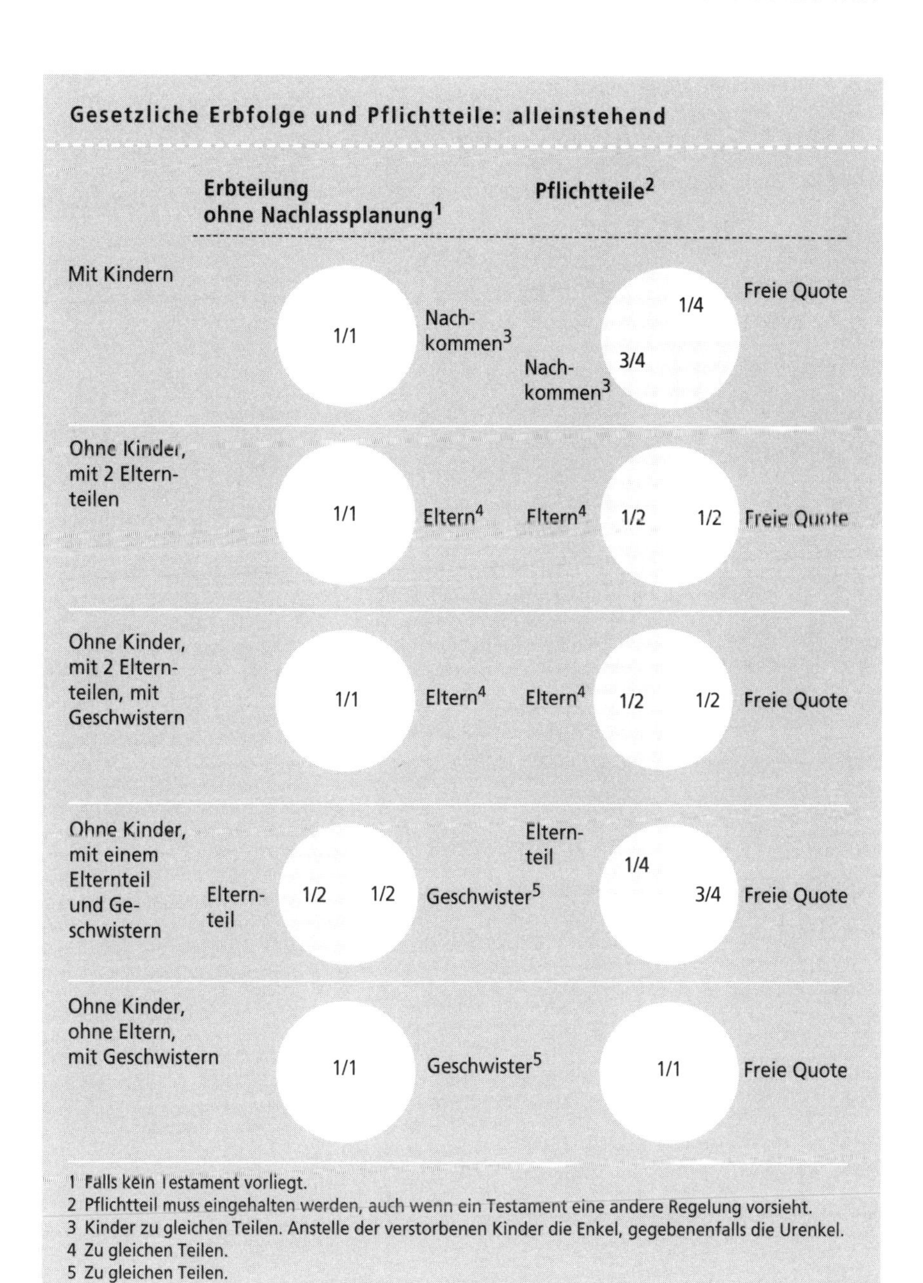

1 Falls kein Testament vorliegt.
2 Pflichtteil muss eingehalten werden, auch wenn ein Testament eine andere Regelung vorsieht.
3 Kinder zu gleichen Teilen. Anstelle der verstorbenen Kinder die Enkel, gegebenenfalls die Urenkel.
4 Zu gleichen Teilen.
5 Zu gleichen Teilen.

Auch «Dritte» können erben

Praktisch niemand stirbt ohne gesetzliche Erben, gelegentlich aber existieren keine Erben mit einem Anspruch auf einen Pflichtteil. Dann ist der Erblasser frei, Erben einzusetzen; das können auch mehrere Erben sein und nicht nur Personen, sondern auch Institutionen wie Stiftungen, Vereine oder politische Organisationen. Wichtig: Werden Erben nicht für die ganze Erbschaft eingesetzt, so fällt der Rest an die gesetzlichen Erben. Stirbt jemand, ohne gesetzliche oder eingesetzte Erben zu hinterlassen, fällt sein Erbe an den Wohnkanton, in einigen Kantonen an die Wohngemeinde.

Zuwendungen zu Lebzeiten

Bei der Erbteilung und den Berechnungen der Pflichtteile ist nicht nur das Vermögen im Zeitpunkt des Todesfalls massgebend. Auch Zuwendungen zu Lebzeiten, d.h. Schenkungen, Erbabfindungen oder Erbvorbezüge, müssen berücksichtigt werden. Im Rahmen einer Nachlassplanung sollten alle Zuwendungen zu Lebzeiten schriftlich mit Ort, Datum, Höhe und Absicht dieser Zuwendungen dokumentiert werden.

Herabsetzungsklagen bei Pflichtteilsverletzungen

Werden durch Zuwendungen zu Lebzeiten die Pflichtteile verletzt, können die betroffenen Erben in bestimmten Fällen eine Herabsetzungsklage einreichen.

1. Ein erster Fall sind Erbvorbezüge, die nicht der so genannten Ausgleichung unterworfen sind, d.h. die nicht wieder in den Nachlass eingebracht werden und damit die Pflichtteilsverletzung rückgängig machen.
2. Bei pflichtteilsverletzenden Schenkungen, die in den

letzten fünf Jahren vor dem Tod des Erblassers erfolgten, kann eine Herabsetzungsklage eingereicht werden.
3. Ein dritter Fall sind Erbabfindungen und Auskaufsbeträge, also Zahlungen im Zusammenhang mit einem Erbverzichtsvertrag.
4. Zuwendungen zu Lebzeiten, die offensichtlich dazu dienten, künftige Pflichtteil-Forderungen zu umgehen, werden unabhängig vom Zeitpunkt immer dem Nachlass zugerechnet.
Eine Herabsetzungsklage muss innert Jahresfrist seit Testamentseröffnung eingereicht werden bzw. seit dem Zeitpunkt, an dem der Erbe von seiner Pflichtteilsverletzung erfahren hat, spätestens aber nach zehn Jahren vom Zeitpunkt der Eröffnung der letztwilligen Verfügung an gerechnet.

Ausgleichung von Zuwendungen zu Lebzeiten

Auch ohne Pflichtteilsverletzungen können Ungleichheiten entstehen, wenn der Erblasser bereits zu Lebzeiten seinen gesetzlichen Erben wesentliche Vermögenswerte zukommen lässt. Deshalb ist in bestimmten Fällen eine so genannte Ausgleichung vorgesehen.
Lebzeitige Zuwendungen an Nachkommen gelangen immer zur Ausgleichung, ausser es wurde ausdrücklich das Gegenteil verfügt. Anders ist dies bei den übrigen gesetzlichen Erben. Dort kommen Zuwendungen nur dann zur Ausgleichung, wenn diese ausdrücklich, d.h. in einem Vertrag, als Erbvorbezug tituliert wurden. Keiner Ausgleichungspflicht unterliegen Auslagen des Erblassers für die Erziehung und Ausbildung einzelner Kinder (so-

fern sie das übliche Mass nicht übersteigen). Ebenfalls vernachlässigt werden Gelegenheitsgeschenke (Faustregel: weniger als 2'000 Franken).

Eine Ausgleichung findet dadurch statt, dass die Betroffenen die entsprechende Zuwendung wieder in den Nachlass einbringen. Einfacher ist es, wenn die Zuwendungen zu Lebzeiten bei der Erbteilung an das Erbe angerechnet werden. Massgeblich ist dabei der Wert zum Zeitpunkt des Erbgangs und nicht zum Zeitpunkt der Schenkung.

Nutzniessung

Ein Erblasser kann Eigentum an künftige Erben übergeben, es aber weiterhin nutzen. Das entspricht einer faktischen Zweiteilung des Vermögens: Der Erbe wird neuer Eigentümer, die Erträge aber gehören dem Erblasser. Das bedeutet, dass der Nutzniesser ein Haus bewohnen, nicht aber verkaufen darf, oder die Zinsen eines Wertschriftendepots verbrauchen darf, nicht aber das Kapital.

Die Eigentumsübertragung unter Vorbehalt der Nutzniessung bedeutet, dass der Nutzniesser die wirtschaftliche Verfügungsmacht verliert. Er kann beispielsweise kein zusätzliches Hypothekardarlehen aufnehmen. Hingegen kann der neue Eigentümer eine zusätzliche Hypothek aufnehmen und die Mittel zu eigenen Zwecken verwenden. Die Zinsen auf dieser zusätzlichen Hypothek hat der Eigentümer selbst zu tragen. Die Nutzniessung kann unter bestimmten Umständen steuerliche Vorteile bringen, die in Kapitel 5 «Erbschafts- und Schenkungssteuern» erläutert werden.

Zuwendung zu Lebzeiten

	Beschreibung	Erbrechtliche Konsequenzen	Steuerliche Konsequenzen
Schenkung	Unentgeltliche Zuwendung, möglich auch an Drittpersonen oder Institutionen	Herabsetzungsklagen möglich bei Pflichtteilsverletzungen; Pflicht zur Ausgleichung möglich, v.a. bei Schenkungen an Nachkommen	Beschenkter zahlt Schenkungssteuer; Steuerhoheit im Wohnkanton des Schenkers (ausser bei Liegenschaften)
Erbvorbezug	Unentgeltliche Zuwendung zu Lebzeiten des späteren Erblassers an Erben	Wie bei Schenkung	Erbe zahlt Schenkungssteuer; Steuerhoheit im Wohnkanton des späteren Erblassers (ausser bei Liegenschaften)
Nutzniessung	Zuwendung von Eigentum, wobei die Zuwendung mit der Nutzniessung belastet ist; das Nutzniessungsrecht bleibt beim Schenker	Bewirtschaftung und Unterhaltspflicht weiterhin beim Nutzniesser	Wertverminderung des Steueranrechnungswertes wegen Nutzniessung; Einkommenssteuer weiterhin beim Nutzniesser (Zinsen, Eigenmietwert, Hypothekarkosten, Unterhaltsabzüge); Vermögenssteuer weiterhin beim Nutzniesser
Wohnrecht	Wie Nutzniessungsrecht, aber nur bei vom Wohnrechtsbesitzer bewohntem Wohneigentum	Wie Nutzniessungsrecht, aber Hypothekarkosten beim Beschenkten	Wie Nutzniessung, aber Hypothekarzinsabzug beim Beschenkten; Vermögenssteuer unter Abzug des kapitalisierten Wohnrechts beim Beschenkten

Änderungen der Begünstigungen durch Ehevertrag und Testament

Möchte man die üblichen Begünstigungen ändern, so gibt es im schweizerischen Güter- und Erbrecht erheblichen Spielraum. Ein häufiger Wunsch ist es, den überlebenden Ehepartner möglichst gut zu stellen. Denn dies ist ohne besondere Vorkehrungen nicht selbstverständlich, wie der Erbfall in unserem Beispiel Kapitel 2, S. 32/33 zeigt: Beim Tod des Ehemanns beträgt der Nachlass 755'000 Franken. Ohne spezielle Regelung erhält die Ehefrau die Hälfte und die Kinder bekommen die andere Hälfte. Bestehen die Kinder auf der Auszahlung ihres Erbes, so muss die Ehefrau 377'500 Franken flüssig machen. Das liquide Vermögen von beiden Eheleuten beträgt jedoch nur 220'000 Franken (Wertschriften und Konti). Also müsste entweder das Haus verkauft oder mit einer Hypothek belastet werden. Das wäre sicher nicht im Sinne des Erblassers, und die Probleme und Konflikte sind vorprogrammiert.

Kinder auf den Pflichtteil setzen

Eine erste Massnahme zur Besserstellung des Ehepartners ist, die Kinder auf ihren Pflichtteil zu setzen. Der Pflichtteil ist der Teil, den das Gesetz zwingend für die Nachkommen vorschreibt. In unserem Fallbeispiel haben dann die Kinder nur noch Anspruch auf 3/8, das heisst auf 283'125 Franken. Für den vorliegenden Fall ist auch das noch nicht die optimale Lösung, denn auch für diese Summe reicht das liquide Vermögen nicht aus.

Meistbegünstigung durch Nutzniessung

In einem nächsten Schritt kann der Erblasser dem Ehegatten die Nutzniessung an dem den Kindern zufallenden Teil der Erbschaft zuwenden. Dies ist jedoch nur möglich gegenüber den gemeinsamen Kindern und deren Nachkommen. Damit erhalten die Kinder (vorläufig) gar nichts. Das Nutzniessungsrecht am gesamten Nachlass wird in einem Testament an den überlebenden Ehegatten übertragen. Das Gesetz definiert auch die Quote des Nachlasses, welche für den Erblasser frei verfügbar bleibt,

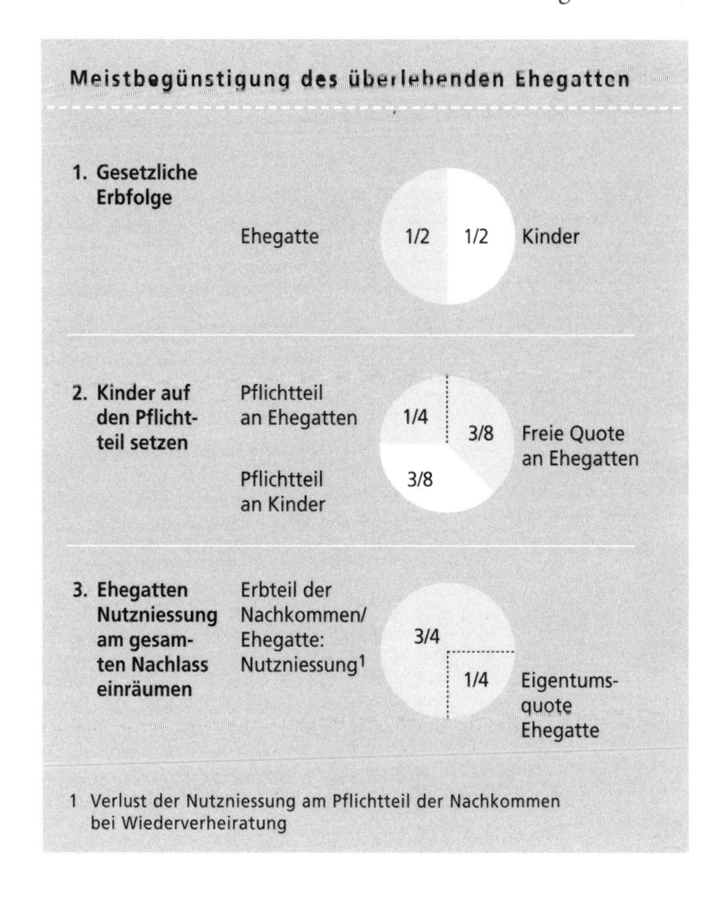

mit 1/4. Diese frei verfügbare Quote erhält der Ehegatte bei einer Meistbegünstigung zu Eigentum. Bei Wiederverheiratung verliert der Überlebende die Nutzniessung am pflichtteilsgeschützten Nachlass der Kinder. Das Nutzniessungsrecht an einer Liegenschaft sollte zudem im Grundbuch vermerkt werden.

Zuweisung des gesamten Vorschlags

Liegt eine Vermögensverteilung vor, die einseitig aus der Errungenschaft eines Ehepartners besteht, so können sich die Eheleute in einem Ehevertrag gegenseitig den gesamten Vorschlag zusprechen. So wird die grosse Errungenschaft des Ehemanns in Höhe von einer Million Franken zu 100% der überlebenden Ehefrau zugesprochen (siehe Abbildung). In den Nachlass des Ehemanns fallen damit nur 20'000 Franken statt 520'000 Franken bei normaler, also hälftiger Zuteilung des Vorschlags.

Die Zuweisung des gesamten Vorschlags an den überlebenden Ehegatten darf nur dann erfolgen, wenn keine oder nur gemeinsame Nachkommen vorhanden sind. Gegenüber nicht-gemeinsamen Nachkommen, beispielsweise einem Sohn aus erster Ehe, würde ein solcher Ehevertrag eine Pflichtteilsverletzung darstellen. Im Rahmen der Errungenschaftsbeteiligung ist auch die ehevertragliche Zuweisung von Errungenschaft zu Eigengut möglich. Dies kann zu einer gleichmässigeren Verteilung des Eigenguts führen oder bei einem grossen Altersunterschied den Partner mit der höheren Lebenserwartung besser stellen. Nicht erfolgen darf die Zuweisung von Eigengut in die Errungenschaft.

Zuweisung des Vorschlags (der Errungenschaft)

Angaben in Franken

	Ehefrau		Ehemann	
	Eigengut	**Errungenschaft**	**Eigengut**	**Errungenschaft**
Total Eigengut bzw. «Vorschlag»	20'000	0	20'000	1'000'000
Zuweisung des ganzen Vorschlages	1'000'000 ←	1/1		
Nachlassvermögen			**20'000**	
A. Pflichtteil Kinder (3/8)			7'500	
oder (falls keine Kinder vorhanden)				
B. Pflichtteil Eltern (1/8)			2'500	

Die Pflichtteilsansprüche am Vorschlag können durch die Zuweisung des gesamten Vorschlages (1'000'000 Fr.) an den überlebenden Ehegatten aufgehoben werden (geht nicht bei nicht-gemeinsamen Nachkommen).

Quelle: VZ VermögensZentrum

Wechsel von Errungenschaftsbeteiligung zu Gütergemeinschaft

In einem Ehevertrag kann der Güterstand rückwirkend geändert werden – auch Jahre nach der Eheschliessung. Der Wechsel von der Errungenschaftsbeteiligung zur Gütergemeinschaft eignet sich in Fällen, in denen einseitig Eigengut vorhanden ist und wo der wenig begüterte Ehegatte besser gestellt werden soll. Das ist beispielsweise dann der Fall, wenn das Vermögen hauptsächlich aus der Erbschaft eines Ehegatten besteht. Ein anderes Beispiel ist die Heirat einer älteren, bereits vermögenderen Person mit einer jüngeren, noch unvermögenden Person.

Bei Gütergemeinschaft zählt die Errungenschaft zum gemeinsamen Gesamtgut. Damit kann der Pflichtteil vorhandener Kinder oder – falls keine Kinder vorhanden sind – der Eltern markant reduziert werden. Im Beispiel von einer Million Franken Erbschaft erhalten die Kinder bei Errungenschaftsbeteiligung mindestens 375'000 Franken, bei Gütergemeinschaft nur noch 191'250 Franken.

Das Gesamtgut kann zu 100% dem überlebenden Ehegatten zugesprochen werden. Im Gegensatz zur Errungenschaftsbeteiligung, bei der die Zuweisung des gesamten Vorschlags an den überlebenden Ehegatten nur bei nichtgemeinsamen Nachkommen eingeschränkt wird, gilt dies bei der Gütergemeinschaft für alle Nachkommen. Das heisst, dass gemeinsame ebenso wie nicht-gemeinsame Nachkommen pflichtteilsgeschützt sind (3/8, in unserem Beispiel 191'250 Franken). Anders ist dies, wenn keine Kinder vorhanden sind. Der Pflichtteil der Eltern (1/8) beschränkt sich nun auf das Eigengut des Erblassers und beträgt somit nur noch 1'250 statt 63'750 Franken.

Änderung der Begünstigung durch Gütergemeinschaft

Angaben in Franken

Errungenschafts-beteiligung	**Ehefrau (Erbin)**		**Ehemann (Erblasser)**	
	Eigengut	**Errungenschaft**	**Eigengut**	**Errungenschaft**
Total Vermögenswerte	20'000	0	1'000'000	0
• Pflichtteil Kinder (3/8)			375'000	
oder (falls keine Kinder vorhanden)				
• Pflichtteil Eltern (1/8)			125'000	

Gütergemeinschaft (Ehevertrag)	**Eigengut**	**Gemeinschaftsgut**	**Eigengut**
Total Vermögenswerte	10'000	1'000'000	10'000
A. Anspruch des überlebenden Ehegatten	500'000	← 1/2 · 1/2 →	500'000
- Pflichtteil Kinder (3/8)			191'250
oder (falls keine Kinder vorhanden)			
- Pflichtteil Eltern (1/8)			63'750
B. Anspruch des überlebenden Ehegatten bei Zuweisung des Gesamtgutes	1'000'000	← 1/1	10'000
- Pflichtteil Kinder (3/8)			191'250[1]
oder (falls keine Kinder vorhanden)			
- Pflichtteil Eltern (1/8)			1'250

1 Auch bei Zuweisung des Gesamtgutes an den überlebenden Ehegatten müssen die Pflichtteile der Nachkommen gewahrt werden.

Wieder-verheiratungs-klausel

Da durch die Eheverträge grosszügige Begünstigungsmöglichkeiten offenstehen, ist es empfehlenswert, wenn eine erbrechtliche Wiederverheiratungsklausel zugunsten der gemeinsamen Nachkommen vorgesehen wird. Damit wird geregelt, dass bei einer Wiederverheiratung des überlebenden Ehegatten die Teilung nach gesetzlichem Güter- und Erbrecht nachvollzogen werden muss.

Erbschaftsplanung mit Begünstigung des Ehegatten (I)

1. Pflichtteilserben (erbrechtlich)	2. Zuweisung der Nutzniessung (erbrechtlich)	3. Gegenseitige Zuweisung des Vorschlags (eherechtlich)
Die pflichtteilsgeschützten Erben (Eltern oder Nachkommen des Erblassers) werden auf den Pflichtteil gesetzt	1/4 des Nachlasses zu Eigentum und 3/4 zur Nutzniessung an den überlebenden Ehegatten	Der gesamte Vorschlag (Errungenschaft) wird dem hinterbliebenen Ehegatten zugesprochen
Vom Gesamtnachlass werden die geschützten Erben in der Höhe ihrer Pflichtteile abgefunden – über den Rest (die «freie Quote») kann beliebig verfügt werden	Der Nachlass setzt sich aus dem Eigengut des Verstorbenen und der Hälfte seines Vorschlages sowie der Hälfte des Vorschlages des überlebenden Partners zusammen	In den Nachlass fällt nur das Eigengut des Verstorbenen; eine weitere Begünstigung kann durch Verteilung des Nachlasses gemäss «1. Pflichtteilserben» erzielt werden
Form: Testament	Form: Testament, evtl. zusätzlich Erbvertrag	Form: Ehevertrag
Keine öffentliche Beurkundung notwendig	Keine öffentliche Beurkundung notwendig	Öffentliche Beurkundung über die volle Zuteilung des Vorschlags
Kein Einverständnis der Erben erforderlich	Kein Einverständnis der Kinder erforderlich	Kein Einverständnis der Kinder erforderlich
Keine Pflichtteilsverletzung, soweit nur über die freie Quote verfügt wird	Pflichtteilsverletzung bei nicht-gemeinsamen Nachkommen; notariell beglaubigtes Einverständnis erforderlich	Pflichtteilsverletzung bei nicht-gemeinsamen Nachkommen; notariell beglaubigtes Einverständnis erforderlich

Erbverzicht

Bei einem Erbverzicht – nicht zu verwechseln mit der Erbausschlagung – verzichten die Nachkommen vertraglich vorerst auf ihre Ansprüche am Nachlass des erstverstorbenen Elternteils. Sie treten ihr Erbe erst nach dem Tod beider Eltern an. Der überlebende Ehegatte kann somit vollumfänglich über das Erbe verfügen.

Ein Erbverzicht muss in einem Erbvertrag notariell be-

Erbschaftsplanung mit Begünstigung des Ehegatten (II)

4. Gütergemeinschaft (Wechsel des Güterstandes) (eherechtlich)	5. Erbverzicht (erbrechtlich)
Das Gesamtgut wird dem hinterbliebenen Ehegatten zugesprochen	Die Nachkommen verzichten auf ihren Erbteil, bis auch der zweite Elternteil verstorben ist
In den Nachlass fällt nur das Eigengut des Verstorbenen; in der Gütergemeinschaft gehören zum Eigengut nur Gegenstände zum persönlichen Gebrauch und Genugtuungsansprüche	Der gesamte Nachlass bleibt beim überlebenden Ehepartner
Form: Ehevertrag	Form: Erbvertrag
Öffentliche Beurkundung der Gütergemeinschaft sowie der vollen Zuteilung des Gesamtguts notwendig	Öffentliche Beurkundung des Erbverzichts notwendig
Notariell beglaubigtes Einverständnis der Kinder erforderlich	Notariell beglaubigtes Einverständnis der Kinder erforderlich
Pflichtteilsverletzung bei nichtgemeinsamen Nachkommen; notariell beglaubigtes Einverständnis erforderlich	Pflichtteilsverletzung von nichtmitwirkenden Personen; notariell beglaubigtes Einverständnis erforderlich

glaubigt werden. Darin sprechen die Ehepartner sich gegenseitig den gesamten Nachlass zu, und die Kinder geben eine entsprechende Verzichtserklärung ab.
Vorsicht, Steuerfalle: Es gibt Kantone, beispielsweise BE, die Erbschaftssteuern auf den Vermögensübergang erheben, wie er gesetzlich vorgesehen ist. Ohne öffentlich beurkundeten Erbverzicht werden im schlechtesten Fall dreimal Steuern fällig: Besteuert wird der Vermögensübergang an die Nachkommen, die Schenkung an den überlebenden Elternteil und nach dessen Ableben nochmals der Vermögensübergang an die Nachkommen.

In der Tabelle auf Seite 58/59 sind nochmals alle fünf Planungsmöglichkeiten zur Besserstellung des Ehepartners aufgeführt.

Spezielle Fragestellungen

Altersheirat

Die Zahl der Ehen, die in der zweiten Lebenshälfte geschlossen werden, nimmt stetig zu. Erbrechtlich können solche Ehen kompliziert werden, wenn nicht-gemeinsame Nachkommen vorhanden sind. Ist eine Vermischung der beiden Vermögen unerwünscht, ist ein gegenseitiger Erbverzichtsvertrag ein geeignetes Mittel. In diesem Vertrag wird vereinbart, dass der Nachlass an die blutsverwandten Erben fällt und nicht an den Ehepartner.

Nacherbfolge

Eine andere elegante Möglichkeit der Nachlassregelung bei Zweitehen: die Nacherbfolge. Der Ehegatte wird im Erbvertrag als Vorerbe, die Kinder aus erster Ehe werden als Nacherben eingesetzt. Damit wird der überlebende Ehegatte normal begünstigt; die Nacherbschaft aber kann nicht in fremde Hände fallen – auch dann nicht, wenn zum Beispiel bei einer Wiederverheiratung neue Pflichtteilsrechte geschaffen würden.
Steuerlich ist die Lösung interessant. Denn eine spätere Erbschaft der Nacherben gilt in den meisten Kantonen als Erbschaft zwischen ursprünglichem Erblasser und Nacherben (siehe dazu auch Kapitel 5 «Erbschafts- und Schenkungssteuern»).

Konkubinat

Erbrechtlich ist eine Konkubinatsverbindung inexistent. Jeder Partner hat seine Vermögenswerte, die er an seine gesetzlichen Erben vererbt; der Konkubinatspartner geht leer aus. Selbstverständlich kann der Partner in einem

Testament oder Erbvertrag bedacht werden, allerdings nur im Rahmen der freien Quote, also unter Wahrung der Pflichtteile an die gesetzlichen Erben.
Anders als bei einer Scheidung, die alle erbrechtlichen Bindungen löst, bleibt ein Erbvertrag auch nach dem Ende eines Konkubinats bestehen, es sei denn, die Bedingungen einer Auflösung seien im Vertrag festgehalten, zum Beispiel bei Aufhebung des gemeinsamen Wohnsitzes.

Adoptivkinder

Das Adoptivrecht kennt nur noch die Volladoption. Das bedeutet, dass Adoptivkinder den eigenen Kindern in erbrechtlicher Beziehung absolut gleich gestellt sind. Andererseits verlieren Adoptivkinder ihr Erbrecht gegenüber den leiblichen Eltern und deren Verwandten.

Aussereheliche Kinder

Ein aussereheliches Kind hat gegenüber der Mutter und ihrer Verwandtschaft volles Erbrecht. Gegenüber dem Vater und dessen Verwandtschaft gilt dasselbe, wenn die Vaterschaft anerkannt oder durch ein Gerichtsurteil festgelegt wurde.

Halb- oder Stiefverwandtschaft

Stiefkinder und Stiefeltern sind nicht blutsverwandt und können sich gegenseitig nicht beerben. Halbverwandte erben also nur in ihrer eigenen Linie, das heisst in der Linie desjenigen Stammeshauptes, über welches sie mit dem Erblasser verwandt sind.

Begünstigung durch Lebensversicherungen

Lebensversicherungen kennen eine besondere Form der Begünstigung: Die Versicherungsleistung wird von der Versicherungsgesellschaft direkt der in der Police definierten begünstigten Person ausbezahlt – unabhängig von der gesetzlichen Erbfolge. Wird durch die Auszahlung ein Pflichtteil verletzt, muss die zu Unrecht bedachte Person eine Ausgleichszahlung leisten. Dies ist nur bei so genannten gemischten Versicherungen der Fall, weil diese über einen so genannten Rückkaufswert verfügen – einen aktuellen Sparwert der Versicherung also –, der rechnerisch dem Nachlass zugeschlagen wird.
Eine reine Risikoversicherung hingegen hat keinen (Rückkaufs-)Wert, stellt dementsprechend kein Vermögen des Erblassers dar und wird konsequenterweise auch nicht zum Nachlass gerechnet. Pflichtteile können somit nicht verletzt werden. Aus diesem Grund eignet sich eine reine Risikoversicherung für die ausserordentliche Begünstigung eines Konkubinatspartners. Natürlich müssen Steuern bezahlt werden, jedoch nicht Erbschaftssteuern zum hohen Nichtverwandten-Tarif, sondern Einkommenssteuern zum privilegierten Rentensatz, wie bei Auszahlungen aus der Säule 3a (siehe Kapitel 5 «Erbschafts- und Schenkungssteuern»).

Enterbung

Bei einer Enterbung wird der Pflichtteilsanspruch herabgesetzt oder ganz gestrichen. Das Gesetz unterscheidet zwischen der Straf- und der Präventiv-Enterbung.
Voraussetzung für die seltene Straf-Enterbung ist ein hinreichend schwerer Grund, namentlich eine schwere Straf-

tat gegen den Erblasser oder dessen Familie oder die schwere Verletzung familienrechtlicher Pflichten. Erbrechtlich werden enterbte Personen behandelt wie Vor-Verstorbene: Die Pflichtteile für die Nachkommen des Enterbten werden ausbezahlt oder verwaltet.
Mit einer Präventiv-Enterbung eines Erben, welcher Verlustscheine besitzt, will der Erblasser verhindern, dass die Erbschaft direkt an die Gläubiger geht. Er kann veranlassen, dass die Hälfte des Pflichtteils direkt den Nachkommen des verschuldeten Erben ausbezahlt wird. Sind keine Nachkommen da, ist eine Präventiv-Enterbung nicht möglich. Auf Begehren des Enterbten fällt die Enterbung dahin, wenn bei der Eröffnung des Erbganges keine Verlustscheine mehr bestehen oder wenn deren Gesamtbetrag 1/4 des Erbteils nicht übersteigt.

Domizil im Ausland

Wer sein Altersdomizil im Ausland hat, kann seinen Nachlass nicht beliebig schweizerischem Recht unterstellen. Der Staat, in dem der letzte dauerhafte Aufenthaltsort war, kann aufgrund seiner territorialen Hoheit bestimmen, welches Erbrecht im Todesfall anzuwenden ist. Auslandschweizer müssen sich somit nach den Regelungen des Gastlandes richten, das auf Wunsch Heimatrecht gestatten kann. Der Erblasser kann jedoch in einem Testament oder Erbvertrag den Nachlass dem Heimatrecht unterstellen. Ein Vorbehalt gilt in einzelnen Staaten, welche für Grundstücke auf ihrem Gebiet die ausschliessliche Zuständigkeit vorsehen.
Im umgekehrten Fall eines Ausländers in der Schweiz

unterliegt dieser automatisch dem schweizerischen Recht (vorbehaltlich Testament oder Erbvertrag). Auskunft zur Praxis einzelner Staaten erteilt die Sektion Internationales Privatrecht im Bundesamt für Justiz in Bern.

Wer erbt das Haus?

Hinterlässt der Erblasser einen Ehegatten, so hat dieser Anspruch auf die Liegenschaft, in der die Eheleute gemeinsam gewohnt haben. Der Vermögensübergang erfolgt jedoch immer unter Anrechnung auf den Vorschlagsteil. Übersteigt der Verkehrswert den Vorschlagsteil und kann der Ehegatte die übrigen Erben nicht abfinden, so kann der überlebende Ehegatte statt des Eigentums die Nutzniessung oder das Wohnrecht beanspruchen.
Problematisch wird es in folgendem Fall: Ein überlebender Ehegatte ist nicht vorhanden. Das elterliche Haus ist der gewichtigste Vermögensteil des Nachlasses. Die gesetzlichen Erben sind drei Kinder. Die älteste Tochter will mit ihrer Familie im Haus ihrer Eltern wohnen. Die jüngste Tochter will das Haus behalten, aber fremdvermieten. Und der Sohn will das Haus verkaufen und Bargeld realisieren. Kann sich die Erbengemeinschaft nicht einigen, muss schliesslich das Haus verkauft werden. Dies gilt auch dann, wenn nur ein Erbe sich dem Willen der übrigen Erben widersetzt, da für die Erbengemeinschaft das Einstimmigkeitsprinzip gilt.

Verkauf zu Lebzeiten

Zu Lebzeiten des Erblassers hätte das Problem vielleicht noch gelöst und damit Streit unter den Erben vermieden werden können. So hätte der Vater das Haus an seine

Verkauf des Hauses zu Lebzeiten

Verkehrswert (gemäss Schätzung)	**800'000 Fr.**
./. Übernahme Hypothek	–200'000 Fr.
Nettowert der Liegenschaft	**600'000 Fr.**
./. Pflichtteil (1/4)	–150'000 Fr.
./. Freie Quote (1/4)	–150'000 Fr.
./. Wohnrecht (kapitalisiert)	–120'000 Fr.
Übernahmepreis	**180'000 Fr.**

Quelle: VZ VermögensZentrum

älteste Tochter verkaufen können. Wichtig: Der Kaufpreis sollte nicht so tief sein, dass Pflichtteile verletzt werden. Die Pflichtteile der beiden übrigen Geschwister betragen bei einem Nettowert der Liegenschaft von 600'000 Franken je ein Viertel, gesamthaft also 300'000 Franken. Hätte der Vater im Rahmen einer Nachlassplanung seiner ältesten Tochter nebst ihrem Pflichtteil von einem Viertel auch noch die freie Quote von einem weiteren Viertel zugesprochen und den Kaufpreis ausserdem noch mit einem Wohnrecht an ihn verrechnet, wäre ein Kaufpreis von 180'000 Franken vertretbar.

Bäuerliches Erbrecht

Für die Übernahme von landwirtschaftlichen Betrieben gelten besondere Bestimmungen. Der Grund: Die Existenz bäuerlicher Betriebe kann langfristig nur gesichert werden, wenn die Betriebe durch Erbgänge nicht zerstückelt werden. Deshalb kann ein Erbe das landwirtschaftliche Heimwesen als Ganzes übernehmen, sofern er dafür geeignet ist und den Betrieb selbst bewirtschaften wird.

Die Übernahme erfolgt nicht zum Verkehrswert – der wäre nicht zu bezahlen –, sondern zum Ertragswert. Dabei wird der Ertrag mit einem Zinssatz (Satz für Ersthypotheken) kapitalisiert. Erwirtschaftet der Hof beispielsweise 10'000 Franken (nebst den normalen bäuerlichen Lebenshaltungskosten) und ist der Zinssatz 5%, so beträgt der Ertragswert 200'000 Franken (10'000 / 0,05).

Geschäftsnachfolge

Bei Geschäftsleuten stellt der Betrieb häufig den grössten Aktivposten des Vermögens und gleichzeitig ein güter- und erbrechtliches Problem dar. Beispiel: Der Betrieb des Vaters, Ertragswert 2,4 Millionen Franken, soll einmal auf seinen ältesten Sohn übergehen. In der Errungenschaftsbeteiligung hat der überlebende Ehegatte Anrecht auf die Hälfte des Vorschlags und die Hälfte des Nachlasses (gesetzlicher Erbteil). Der älteste Sohn hat als eines von drei Geschwistern gerade mal einen Anspruch von 200'000 Franken. Wollte er die anderen Erben auszahlen, müsste er sich unverhältnismässig verschulden.

Eine mögliche Lösung im geschilderten Fall ist ein Ehevertrag, in dem das Geschäftsvermögen zu Eigengut

erklärt wird. Das ist *der* Gewerbeartikel im neuen Ehegüterrecht. Damit fällt der Betrieb ohne güterrechtliche Auseinandersetzung direkt in die Erbmasse. Auch ein allfälliger Mehrwertanteil kann ausgeschlossen werden, etwa der Mehrwert auf Investitionen von Eigengut der Ehefrau in den Betrieb ihres Mannes. Der gleiche Effekt wird natürlich erzielt, wenn als Güterstand die Gütertrennung vereinbart wurde.
Werden nebst der Zuweisung des Betriebs zum Eigengut alle Erben bis auf den ältesten Sohn auf den Pflichtteil gesetzt, erhält der Geschäftsnachfolger immerhin die Hälfte, sprich: 1,5 Millionen Franken, des Betriebs als Erbe (1/8 Pflichtteil + 3/8 freie Quote).
Als weitere Vorkehrung kann die Einführung von Stimmrechtsaktien und Partizipationsscheinen (stimmrechtslose Aktien) sicherstellen, dass die Entscheidungsfreiheit des Geschäftsnachfolgers gewährleistet ist. Die gleichen Zielsetzungen lassen sich auch mit einem Aktionärsbindungsvertrag erreichen.

Generell ist zu empfehlen, dass derart wichtige und gleichzeitig komplexe Sachverhalte wie eine Geschäftsübergabe möglichst zu Lebzeiten stattfinden sollten. Dann kann der Erblasser auch noch höchstpersönlich auf die gewünschte Erbteilung Einfluss nehmen. Werden die Vereinbarungen zu Lebzeiten dann noch vertraglich festgehalten und von allen Betroffenen unterzeichnet, sollten einer reibungslosen Geschäftsübergabe zumindest keine güter- und erbrechtlichen Hürden mehr im Wege stehen.

Kapitel 4

Der letzte Wille

Testament

Das Schweizer Gesetz kennt drei Arten von Testamenten: das eigenhändige, das öffentliche und das mündliche. Der Grossteil aller Testamente wird eigenhändig geschrieben.

Das eigenhändige Testament

Die Formvorschriften für ein eigenhändiges Testament sind klar definiert: eigenhändig von A bis Z geschrieben, mit Datum und Unterschrift versehen. Eine Bestätigung durch Zeugen und auch eine Hinterlegung auf einer Amtsstelle sind nicht erforderlich. Andererseits geben eigenhändige Testamente oft Anlass zu Streitigkeiten. Sie sollten daher von einer Fachperson auf Form und Inhalt überprüft werden. Die Gerichtspraxis ist, was Formvorschriften betrifft, äusserst streng. Fehlt das genaue Datum, so ist eine letztwillige Verfügung anfechtbar.

Sicher aufbewahren

Das Testament sollte man bei einer zuverlässigen Stelle hinterlegen, so dass es im Todesfall auch gefunden und eröffnet wird. Übliche Aufbewahrungsstellen sind Vertrauenspersonen, die Bank, der Willensvollstrecker oder die zuständige Amtsstelle (in der Regel ist das der Notar).

Das öffentliche Testament

Das öffentliche Testament wird von einer Urkundsperson, beipielsweise vom Notar, nach Vorlage des Erblassers abgefasst und bei der Amtsstelle hinterlegt. Das Verfahren ist mit zwei Zeugen etwas aufwendiger, aber es stellt die rechtskundige Beratung, die Aufbewahrung und die Echtheit des Dokuments sicher.

Das mündliche Testament (Nottestament)

Das mündliche Testament ist nur für Notfälle vorgesehen, in denen der Erblasser sich keiner anderen Form mehr bedienen kann. Dabei braucht es zwei Zeugen, die den letzten Willen unverzüglich durch die nächste Amtsstelle beurkunden lassen müssen.

Elemente eines Testaments

Wer sein Testament verfassen will, kann die folgenden Elemente auf seine persönliche Situation hin anwenden:

1. Widerrufung

Mit der Widerrufung werden sämtliche letztwilligen Verfügungen, die je getroffen worden sind, ausser Kraft gesetzt. Die Widerrufung steht zumeist am Anfang der Niederschrift.

2. Erbeneinsetzung

Durch Erbeneinsetzung im Testament wird ein gesetzlicher oder nicht-gesetzlicher Erbe mit allen Rechten und Pflichten eingesetzt. Ein nicht-gesetzlicher Erbe wird damit aber noch nicht zum gesetzlichen Erben, sondern nur zum «eingesetzten» Erben. Der Unterschied: Stirbt ein gesetzlicher Erbe vor dem Erblasser, treten die Nachkommen an die Stelle des Erben. Das ist bei einem nicht-gesetzlichen eingesetzten Erben nicht der Fall. Hier gilt im Todesfall des Erben wieder die gesetzliche Erbfolge. Es ist also zu empfehlen, den Fall des Vorversterbens beispielsweise durch eine Ersatzerben-Einsetzung zu regeln. Mit einer Nacherbenregelung kann bereits die übernächste Erbengeneration festgelegt werden.

3. Vermächtnis

Mit einem Vermächtnis wird ein einzelner Gegenstand, etwa ein Grundstück oder ein bestimmter Geldbetrag, jemandem vermacht. Der «Vermächtnisnehmer» ist kein Erbe und hat auch keine Rechte und Pflichten als Erbe. Ein Vermächtnis darf Pflichtteile nicht verletzen.

4. Teilungsanordnungen

Teilungsanordnungen regeln, wer welche Vermögenswerte erhalten soll, und helfen insbesondere bei komplexen Vermögensverhältnissen Streitigkeiten zu vermeiden. Ohne Teilungsanordnungen müssen die Erben untereinander ausmachen, wer was aus dem Nachlass erhält. Sind sich die Erben einig, haben sie das Wahlrecht und können sich sanktionslos über Teilungsanordnungen des Erblassers hinwegsetzen.

Der überlebende Ehegatte hat ausser dem Anrecht auf die selbst bewohnte Familienwohnung keine Vorrechte. Es kann deshalb sinnvoll sein, ihm ein Vorrecht auf bestimmte Vermögensteile einzuräumen, beispielsweise mit der Klausel: «... räume ich meiner Frau das Recht ein, die von ihr gewünschten Vermögensteile unter Anrechnung an ihren Erbteil aus dem gesamten Nachlass auszuwählen: ... (Aufzählung).»

Die Erbteilung kann zu einem langwierigen, aufreibenden und teuren Verfahren werden. Die einfachste Lösung wäre natürlich, alles zu liquidieren und das Geld zu verteilen. Dieses Vorgehen schadet aber häufig dem Wert des Nachlasses und ist meist auch nicht im Sinn des Erblassers.

5. Auflagen und Bedingungen

Ein Testament kann zumutbare Verpflichtungen auferlegen («… soll für den Hund sorgen.») oder Bedingungen formulieren («… nur wenn sie heiratet.»). Ist der Erbe bzw. Vermächtnisnehmer damit nicht einverstanden, sollte er die Erbschaft ausschlagen.

Beispiel eines Testaments

Testament (Beispiel)

Ich, ..., geb. ...., wohnhaft in ...., treffe die folgende letztwillige Verfügung:

1. **Aufhebung von früheren Testamenten**

   Ich ersetze alle vorangegangenen Verfügungen, insbesondere mein Testament vom ...., durch diese vorliegende letztwillige Verfügung.

2. **Bestimmen der Erben unter Berücksichtigung der Pflichtteile**

   Als Erben für meinen Nachlass setze ich meine beiden Kinder .... und .... zu gleichen Teilen ein.

3. **Vermächtnis**

   Der Schweizerischen Krebsliga und dem Schweizer WWF vermache ich je einen Betrag von 50'000 Fr.

4. **Teilungsvorschrift**

   Meinem Sohn .... soll die Liegenschaft in .... gehören, meiner Tochter .... das Haus in ....

   Das Picasso-Bild soll zum von mir bezahlten Preis von 75'000 Fr. an meine Tochter gehen.

5. **Auflage**

   Sollte meine Tochter .... das Picasso-Bild verkaufen, so besitzt mein Sohn .... das Vorkaufsrecht.

Ort, Datum: ....

Unterschrift: ....

Unterschied zwischen Erbe und Vermächtnis

In einem Testament soll immer klar zwischen Erbe und Vermächtnis unterschieden werden. Ein Vermächtnis ist die Zuwendung einer Sache, einer Spende, eines gewissen Geldbetrags. Wer ein Vermächtnis erhält, ist Vermächtnisnehmer, nicht Erbe; er hat keine Rechte und Pflichten. Der Vermächtnisnehmer kann sich also nicht in den Erbgang einmischen, sondern bloss ein Vermächtnis annehmen oder ablehnen. Anders die Erben: sie können sich einmischen, müssen angehört werden, können die sofortige Erbteilung erwirken und müssen das Erbe explizit ausschlagen, wenn es nicht an sie übergehen soll.
Erben sollten mit Quoten bedacht werden, die allenfalls mit Sachgegenständen ausgefüllt werden. Vermächtnisnehmer dagegen sind immer mit Geldsummen oder Sachgegenständen zu bedenken, nie mit Quoten.

Anfechtung eines Testaments

Ein Testament, das die gesetzlichen Formvorschriften verletzt, kann selbstverständlich trotzdem von den Erben akzeptiert werden. Wenn ein Erbe das Testament jedoch anfechten will, muss er dies innert Jahresfrist tun (seit Bekanntwerden des Formfehlers), und zwar mit einer so genannten Ungültigkeitsklage. Die vom Richter ausgesprochene Ungültigkeit gilt immer nur zugunsten derjenigen Partei, die das Testament angefochten hat.

Checkliste für das Testament

1. Was beabsichtige ich mit dem Testament? Welche konkreten Ziele möchte ich damit erreichen?
2. Gibt es frühere Testamente? Wenn ja, stehen diese im Widerspruch zum Testament, das ich jetzt schreiben will?
3. Verletzen meine Vorstellungen einen Pflichtteil? Will ich die Erbteilung trotzdem so vorsehen? Muss ich allenfalls weitere Massnahmen treffen?
4. Habe ich Vorstellungen, was bei gemeinsamem Tod der Eheleute passieren soll? Und möchte ich den Fall regeln, dass sich der überlebende Ehegatte wieder verheiratet? Brauche ich Ersatzerben- und Nacherben-Regelungen?
5. Ist der Text klar und unmissverständlich formuliert? Geht der Wille des Verfassers daraus eindeutig hervor?
6. Was sind mögliche Streitpunkte unter den Erben und wie kann ich diese ausschalten (Erbvorbezüge, Ehevertrag, Erbvertrag)?
7. Erfüllt das Testament die formalen Vorschriften (eigenhändig von A bis Z geschrieben, mit genauem Datum und Unterschrift versehen)?
8. Soll das Testament durch eine Fachperson geprüft werden (vor allem bei komplexen Fällen sinnvoll)?
9. Wo kann das Testament sicher aufbewahrt werden? Wen muss ich über den Aufbewahrungsort informieren?
10. Möchte ich auf Nummer sicher gehen und einen Willensvollstrecker einsetzen? Wer käme dafür in Frage (Vertrauensperson, Notar, Vermögensverwalter, Steuerberater, Treuhänder)?

Erbvertrag

Der Erbvertrag unterscheidet sich vom Testament dadurch, dass er zwischen zwei oder mehreren Vertragspartnern auf Gegenseitigkeit abgeschlossen wird. Eine weitere Besonderheit: Ein Vertrag lässt sich nicht ohne weiteres ändern oder auflösen, es braucht das gegenseitige Einverständnis. Der Abschluss eines Erbvertrages muss also reiflich überlegt werden. Aufgrund der Tragweite des Erbvertrages ist dieser auch öffentlich zu beurkunden; der Notar verfügt über das erforderliche Fachwissen und gibt gerne Auskunft.

Erben-einsetzung

Ein Erbvertrag wird häufig dann gewählt, wenn sich Eheleute, Geschwister oder andere Partner gegenseitig unwiderruflich begünstigen wollen. Pflichtteile von nicht-mitwirkenden Parteien können auch durch eine solche erbvertragliche Vereinbarung nicht umgangen werden.

Begünsti-gungen

Damit der Erbvertrag aus sich heraus verständlich ist, empfiehlt es sich, am Anfang des Erbvertrags auf den Ehevertrag – sprich: die güterrechtlichen Verhältnisse – hinzuweisen. Der Güterstand und die gegenseitige Zuweisung der beiden Vorschläge (bei der Errungenschaftsbeteiligung die Errungenschaften der beiden Eheleute) werden in einem Ehevertrag geregelt. Im Erbvertrag kann z.B. festgehalten werden, welche Ausgleichung die Erben bringen müssen. So können die teuren Ausbildungskosten des Sohnes mit einem Frankenbetrag als Erbvorbezug beziffert werden.

Auflagen
Im Erbvertrag können Auflagen oder Gegenleistungen in Form von Geld oder geldwerter Leistung vereinbart werden. Ein Beispiel ist die Pflege des Erblassers bis an sein Lebensende.

Erbverzichtsvertrag
Eine besondere Art des Erbvertrags ist der Erbverzichtsvertrag. Damit verzichten der pflichtteilsberechtigte Lebenspartner oder die pflichtteilsberechtigten Nachkommen vorläufig oder endgültig auf ihr Erbe. Der endgültige Erbverzicht kann insbesondere bei komplizierten Familienverhältnissen sinnvoll sein, wenn ein Ehepaar beispielsweise nicht-gemeinsame Nachkommen hat. Hier trägt der Erbverzichtsvertrag häufig zur Entspannung im Verhältnis (Stief-)Eltern zu (Stief-)Kindern bei.

Erbabfindung (Erbauskauf)
Wird der Verzicht auf den Erbanspruch abgegolten, beispielsweise durch die einmalige Bezahlung eines bestimmten Betrages, spricht man von einem Erbauskauf oder einer Erbabfindung.

Vertragsauflösung
Die Aufhebung eines Erbvertrags ist nur in gegenseitigem Einverständnis möglich. Das ist auch einer der wichtigen Unterschiede gegenüber dem Testament, das jederzeit einseitig widerrufen, abgeändert und neu aufgesetzt werden kann. Sind sich jedoch die Vertragsparteien einig, genügt einfache Schriftlichkeit; es braucht also nicht die Form der öffentlichen Beurkundung oder der Handschriftlichkeit wie beim Testament. Erforderlich sind nur die eigenhändigen Unterschriften der beteiligten Parteien.

Erbgang und Erbteilung

Testaments-eröffnung

Der Erbgang beginnt mit dem Eintritt des Todes und wird mit der Erbteilung abgeschlossen. Das Testament wird innerhalb eines Monats nach Ablieferung an die Behörden eröffnet. Das Testament wird in Gegenwart der Erben eröffnet, soweit sie bekannt und auffindbar sind. Mit der Eröffnung beginnt auch die Anfechtungsfrist, die normalerweise ein Jahr dauert.

Von der Testamentseröffnung bis zur Erbteilung

Testaments-eröffnung	Inventari-sierung	Annahme/ Ausschlagung	Erbbe-scheinigung	Erbteilung
Einreichung des Testaments bei den zuständigen Behörden Testaments-eröffnung durch Behörde innert Monatsfrist Eröffnung vor allen anwesenden Erben Beginn der Anfechtungs-frist (1 Jahr)	Antrag auf Inventarisie-rung innert Monatsfrist durch gesetz-liche(n) Erben Auskunft über Ver-mögens-verhältnisse des Erblassers Steuer-inventar	Annahme der Erbschaft; Erbe haftet für alle Ver-pflichtungen Ausschlagung der Erbschaft innert 3 Monaten Möglicher Antrag auf Liquidation; damit keine Übernahme von Verpflich-tungen	Ausweisdoku-ment für rechtmässige Erben Ausweis gegenüber Banken und Behörden Herausgabe des Erbteils auf Verlangen an Erben-vertreter resp. Willens-vollstrecker	Vorbereitende und durch-führende Funktion des Willensvoll-streckers, falls vorhanden Einigung der Erbengemein-schaft auf Erbteilung

Erbschein

Nach Ablauf eines Monates seit der amtlichen Mitteilung vom Inhalt des eröffneten Testaments können die gesetzlichen und die eingesetzten Erben von der Behörde einen Erbschein verlangen. Darin wird bestätigt, dass sie als Erben anerkannt sind. Der Erbschein ist oft die einzige Möglichkeit, über das zugewiesene Vermögen auch zu verfügen. Gegen Vorlage des Erbscheins sind Banken und Behörden gezwungen, das Erbgut an den bevollmächtigten Erbenvertreter, den Willensvollstrecker oder an sämtliche Erben gemeinsam herauszugeben. Der Erbschein wird nicht ausgestellt, wenn auch nur ein einziger Erbe die Erbteilung in Frage stellt.

Vollmachten sind weiterhin gültig

Im Zusammenhang mit einem Todesfall ist oft ein Geldbezug notwendig. Dies kann durch eine zu Lebzeiten ausgestellte Vollmacht sichergestellt werden. Diese Vollmacht, etwa in Form der Unterschriftenkarte bezüglich eines bestimmten Wertschriftendepots inkl. dazugehöriger Konti, ist so lange gültig, bis sie von den Erben – und zwar von jedem einzelnen für sich alleine – widerrufen wird.

Erbengemeinschaft

Ab dem Zeitpunkt des Todes des Erblassers bilden die Erben von Gesetzes wegen eine Erbengemeinschaft, die bis zur Teilung der Erbschaft andauert. Allen Erben gehört alles, sie sind nur gemeinsam handlungs- und entscheidungsfähig. Auch für Schulden haften die Erben solidarisch. Das heisst, dass jeder einzelne Erbe für die gesamten Schulden belangt werden kann und dann auf die Miterben Rückgriff nehmen muss. Für eine Erbengemeinschaft gilt das so genannte Einstimmigkeitsprinzip; Mehrheitsbeschlüsse gibt es keine, und auch die Grösse des Erbteils spielt keine Rolle. Die Chancen, bei Meinungsverschiedenheiten oder gar einem Streit eine Lösung zu finden, sind damit sehr beschränkt. Die Erbengemeinschaft ist aber auch nur als Zwischenstadium gedacht. Und jeder Erbe kann jederzeit die sofortige Aufteilung des Erbes verlangen.

Ausschlagung der Erbschaft

Wer vermutet, ein Nachlass bestehe vor allem aus Schulden, hat Grund, eine Erbschaft auszuschlagen. Eine Erbschaft kann innerhalb einer Frist von drei Monaten, nachdem ein Erbe vom Tod des Erblassers Kenntnis genommen hat, ausgeschlagen werden. Verpasst der Erbe diese Frist, gilt die Erbschaft als angenommen.
Jede Ausschlagung ist vorbehaltlos und darf keine Bedingungen enthalten. Will ein Erbe seine Erbschaft ausschlagen, darf er sich auch in keiner Weise in den Erbgang einmischen. Nimmt er beispielsweise ein Erbstück an sich, verliert er sein Ausschlagungsrecht.

Schutz der Gläubiger

Um Missbräuchen vorzubeugen, hat das Gesetz zwei Fälle speziell geregelt:
1. Schlägt ein überschuldeter Erbe die Erbschaft aus, damit seine Gläubiger keinen Zugriff auf die Erbschaft erhalten, können diese die Ausschlagung anfechten und ihre Forderungen eintreiben.
2. Verschenkt der Erblasser innerhalb der letzten fünf Jahre vor seinem Tod das Vermögen oder Teile davon, und

vererbt er später nur noch Schulden, die ausgeschlagen werden, so können die Gläubiger ebenfalls verlangen, dass die Erbschaft angetreten wird.

Öffentliches Inventar

Ist ein Erbe sich nicht sicher über den Wert einer Erbschaft, kann er ein öffentliches Inventar verlangen. Eine solche Massnahme kann sinnvoll sein, weil Erben mit dem Erbantritt sämtliche Rechte und Pflichten übernehmen, also auch die Schulden des Erblassers. Insbesondere bei Liegenschaften mit unklarem Wert und hohen Hypotheken lohnen sich das Inventar und die Neueinschätzung des Verkehrswertes durch einen Experten.

Die zuständige Behörde erlässt zumeist im Amtsblatt einen so genannten Rechnungsruf. Damit werden Gläubiger und Schuldner aufgefordert, ihre Guthaben und Schulden innert einer bestimmten Frist anzumelden.

Erklärungen (Entscheidungen) der Erben

Nach Abschluss des Inventars können die Erben
a. die Erbschaft ausschlagen,
b. die Erbschaft vorbehaltlos annehmen,
c. unter öffentlichem Inventar annehmen oder
d. die amtliche Liquidation verlangen.

Die Annahme unter öffentlichem Inventar heisst, dass die volle Haftung nur für Schulden besteht, die im Inventar registriert sind.

Bei einer amtlichen Liquidation nimmt der Erbe die Erbschaft an, kann jedoch für Schulden nicht haftbar gemacht werden. Die amtliche Liquidation kann nicht verlangt werden, wenn auch nur ein einziger Erbe die Annahme der Erbschaft erklärt.

Sicherungsinventar, Siegelung

Besteht der Verdacht, dass Vermögenswerte unrechtmässig auf die Seite geschafft werden, oder wenn Erben ausser Landes oder unmündig sind, können die Erben (oder auch nur ein einziger Erbe) von den Behörden Sicherungsmassnahmen verlangen:

- Ein Sicherungsinventar soll feststellen, welche Vermögenswerte sich in der Erbschaft befinden.
- Die Siegelung des Nachlasses geht deutlich weiter, weil hier sämtliche Vermögensgegenstände verschlossen und mit einem Siegel versehen werden. In welchen Fällen die Erbschaft versiegelt wird, bestimmen die Kantone.

Steuerinventar

- Droht eine Steuerhinterziehung, erstellt die Steuerbehörde ein Steuerinventar.
- Bei grösseren Nachlassvermögen (z.B. im Kanton Bern ab 75'000 Franken) veranlasst die zuständige Behörde von Amtes wegen ein Steuerinventar.

Teilung der Erbschaft

Jeder Miterbe kann jederzeit eine Teilung der Erbschaft verlangen. Und grundsätzlich sind die Erben auch frei, wie sie die Erbschaft aufteilen wollen. Sie müssen also aushandeln, wer was bekommen soll. Falls der Erblasser Teilungsvorschriften bestimmt hat, verhindern diese oft Streit unter den Erben. (Beispiel: «Sohn Rudolf soll die Ferienwohnung in Laax bekommen.») Die Erben können sich aber auch anders einigen, als die Teilungsvorschriften des Erblassers es vorsehen, auch bei den Werten. Ist der Verkehrswert der Ferienwohnung beispielsweise 320'000 Franken, können die Erben trotzdem einen Übernahmepreis von 250'000 Franken vereinbaren.

Bildung von Losen zur Erbteilung

Wenn die Erben sich nicht auf eine Teilung einigen können, werden gleich viele Lose – d.h. Vermögensteile – gebildet, wie Erben vorhanden sind. Nun kann man versuchen, die Lose zu verteilen. Wertunterschiede, etwa eine Differenz zwischen der Ferienwohnung und der Bildersammlung, sind mit Geld auszugleichen.
Kann man sich nicht über die Losbildung oder die Bewertung einigen, werden die Lose gerichtlich oder durch die Teilungsbehörde festgelegt. Im schlechtesten Fall, wenn die Erben auf völlig unvereinbaren Positionen beharren, kommt es letztlich zu einer Losziehung. Für die definitive Erbteilung braucht es dann aber noch die Entgegennahme der Erbschaftsgegenstände; bei Liegenschaften muss die Eintragung im Grundbuch erfolgen. Verweigert ein Erbe diese Entgegennahme, hilft nur noch der Verkauf der Erbschaft. Wenn alle Erben zustimmen, kann der Verkauf freihändig erfolgen, ansonsten kommt es zu einer Versteigerung. Die Behörde bestimmt, ob sie öffentlich oder nur unter den Erben erfolgt.

Verletzung von Pflichtteilen

Eine Erbteilung, die Pflichtteile verletzt, ist nicht automatisch ungültig. Viele Verletzungen bleiben unangefochten, weil die Erben den Willen des Erblassers respektieren. Wer als Betroffener, d.h. als Erbe, dessen Pflichtteil verletzt wurde, die Erbteilung nicht akzeptiert, muss gerichtlich vorgehen. Ein Testament kann innerhalb eines Jahres nach Kenntnisnahme der Pflichtteilsverletzung angefochten werden. Wenn ein Gericht eine Verletzung von Pflichtteilen anerkennt, kommt es zu einer Korrektur: Unrechtmässig entrichtete Zuwendungen aus dem Nachlass sind zurückzuzahlen (siehe hierzu auch die Abschnitte über «Herabsetzungsklagen» und «Ausgleichung» im Kapitel 3, Seiten 48/49).

Erbenvertreter und Willensvollstrecker

Die Erbengemeinschaft kann einen bevollmächtigten Erbenvertreter bestimmen (meist einen Miterben), der Verhandlungen mit Banken und Behördern führt, um die Erbteilung voranzubringen. Der Erbenvertreter wird auf Antrag der Erbengemeinschaft von der zuständigen Behörde (meist Bezirksgericht) bestellt.

Während der Erbenvertreter von der Erbengemeinschaft eingesetzt wird, wird der Willensvollstrecker testamentarisch vom Erblasser bestimmt. Ein Willensvollstrecker hat vierzehn Tage Zeit, um über Annahme oder Ablehnung des Mandates zu entscheiden (mehr zum Willensvollstrecker im Kapitel 6).

Kapitel 5

Erbschafts- und Schenkungssteuern

Erbschafts- und Schenkungssteuern

Erbschafts- und Schenkungssteuern: Doppelbesteuerung bereits versteuerter Vermögenswerte

Über Sinn und Unsinn von Erbschafts- und Schenkungssteuern sind sich viele Schweizer uneinig. Die einen fordern eine völlige Abschaffung, mit der Begründung, dass sowohl der Aufbau vorhandener Vermögenswerte als auch die laufenden Erträge durch verschiedenste Steuerarten bereits mehrfach erfasst seien. Die anderen sehen in Erbschafts- und Schenkungssteuern nicht nur ein geeignetes Finanzierungsinstrument für den Staat, sondern vor allem auch ein Mittel zur Umverteilung des Volksvermögens. Viele Steuerpflichtige sind verunsichert, und es verstärkt sich die Motivation, solche Steuern zu optimieren oder sogar zu umgehen. Wer möchte nicht verhindern, dass das im Lauf eines Lebens erarbeitete Vermögen schliesslich

Dramatische Zunahme der Erbschafts- und Schenkungssteuern

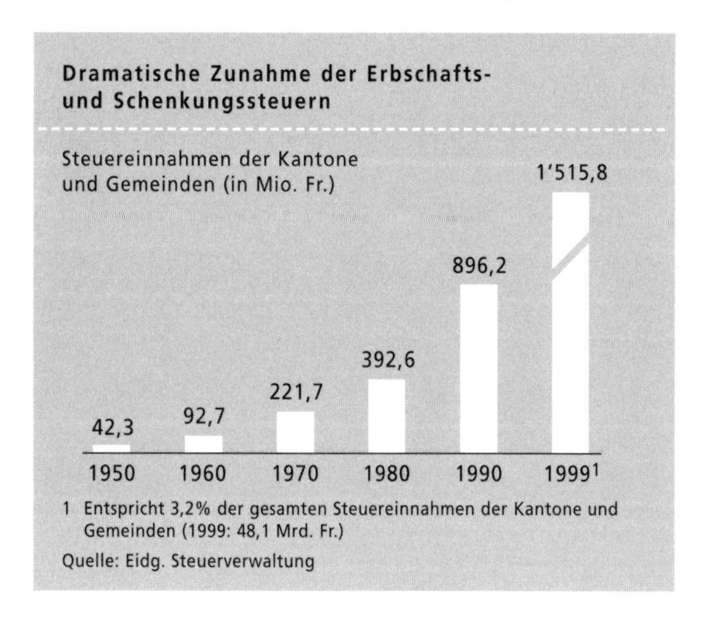

1 Entspricht 3,2% der gesamten Steuereinnahmen der Kantone und Gemeinden (1999: 48,1 Mrd. Fr.)

Quelle: Eidg. Steuerverwaltung

dem Staat zufällt? Besonders unter Nichtverwandten (z.B. Konkubinatspartnern) ist dieses Problem aufgrund der hohen Steuersätze besonders präsent. Zur Optimierung zukünftiger Erbschafts- oder Schenkungssteuerbelastungen ist es notwendig, äusserst genau zu planen und frühzeitig die richtigen Massnahmen einzuleiten.

Bedeutung für den Staat

Erbschafts- und Schenkungssteuern sind für den Staat eine immer wichtigere Ertragsquelle. Im Jahr 1999 flossen über 1,5 Milliarden Franken aus Erbschaften und Schenkungen den Kantonen und Gemeinden zu. Dieser Betrag wird aufgrund der wirtschaftlichen und demografischen Entwicklungen in den nächsten Jahren weiter steigen. Die gut situierten Nachkriegsgenerationen werden die aufgebauten Vermögenswerte sukzessive an die nachfolgenden Generationen übertragen. Zudem unterliegt die entsprechende Steuer einer erheblichen Progression, abhängig von der Höhe des vererbten Vermögens und dem Verwandtschaftsgrad zwischen Erblasser (Schenker) und Erben (Beschenkten). Die kantonal unterschiedlichen Steuersätze können im Extremfall über 50% betragen.

Steuerhoheit

Erbschafts- und Schenkungssteuern werden ausschliesslich von den Kantonen erhoben. Der Bund verzichtet auf diese Steuerarten. In den Kantonen Luzern, Freiburg, Graubünden und Waadt steht die Befugnis, Erbschafts- und Schenkungssteuern zu erheben, auch den Gemeinden zu; mehrheitlich sind sie jedoch nur am Ertrag der kantonalen Steuer beteiligt. Die Tabelle auf Seite 90 zeigt, dass

Erbschafts- und Schenkungssteuern je Kanton

Steuern absolut und in Prozent der gesamten Steuereinnahmen 1999 von Kantonen und Gemeinden

Kanton	Erbschafts- und Schenkungssteuern in Mio. Fr.	in % der gesamten Steuereinnahmen
ZH	430,9	4,5%
GE	329,4	6,7%
VD	201,5	4,5%
BE	83,3	1,5%
TI	75,2	3,6%
BS	56,1	2,8%
BL	52,7	3,1%
SG	52,1	2,1%
GR	40,4	3,9%
AG	37,7	1,3%
LU	37,6	1,9%
SO	29,3	2,3%
NE	25,2	2,4%
TG	18,1	1,5%
VS	9,0	0,7%
AR	7,5	2,6%
SH	6,9	1,6%
FR	6,4	0,5%
ZG	5,4	0,8%
GL	4,0	2,1%
JU	2,9	0,8%
NW	1,2	0,6%
OW	1,2	0,9%
AI	1,0	1,6%
UR	0,9	0,7%
SZ	–	–

Quelle: Eidg. Steuerverwaltung

– in absoluten Zahlen – am meisten Erbschaftssteuern im Kanton Zürich anfallen, gefolgt von Genf und Waadt. Für diese Kantone ist auch die relative Bedeutung der Erbschaftssteuern hoch: über 4% der gesamten Steuereinnahmen kommen aus dieser Quelle. In anderen Kantonen, wie beispielsweise Zug, Freiburg und Nidwalden, liegt dieser Anteil unter 1%.

Zwei unterschiedliche Systeme: Erbanfallsteuer und Nachlasssteuer

Mit wenigen Ausnahmen wenden alle Kantone das System der Erbanfallsteuer an: Das Steuerobjekt ist der Vermögensübergang auf den einzelnen Erben; die Steuer wird auf dem Erbteil jedes Erben einzeln erhoben. Bei der Nachlasssteuer hingegen wird der unverteilte Nachlass als Ganzes besteuert. Diese Steuer gibt es in Graubünden anstatt der Erbanfallsteuer und in den Kantonen Solothurn und Neuenburg zusätzlich zur Erbanfallsteuer.

Unterschiedliche Systeme bei der Erbschaftssteuer

Erbanfallsteuer	Nachlasssteuer
Der Erbanfall wird bei jedem einzelnen Erben separat besteuert.	Der gesamte ungeteilte Erbanfall wird besteuert.
Die Steueransätze sind abhängig von Verwandtschaftsgrad und Höhe des Erbanfalls.	Es gibt keine Differenzierung zwischen den Verwandtschaftsgraden.
Die meisten Kantone wenden dieses System an.	In reiner Form wird die Nachlasssteuer nur im Kanton GR angewendet.
	Die Kantone SO und NE wenden dieses System in Kombination mit der Erbanfallsteuer an.

Wer ist steuerpflichtig?

Steuerpflichtig sind in allen Kantonen die Empfänger von Vermögensanfällen und Zuwendungen: die Erben und Vermächtnisnehmer im Falle der Erbschaftssteuer, die Beschenkten im Falle einer Schenkungssteuer. In vielen Kantonen aber existiert – vor allem für Ehegatten und Kinder – eine Steuerbefreiung (siehe Tabelle rechts).

Wohnsitz entscheidend ...

Der Kanton Schwyz macht als einziger Kanton von seiner Kompetenz, Erbschafts- und Schenkungssteuern zu erheben, keinen Gebrauch. Der Kanton Luzern erhebt zwar eine Erbschaftssteuer, es liegt aber in der Kompetenz der Gemeinden, ob sie eine Erbschaftssteuer für Nachkommen erheben. Zudem verzichtet der Kanton Luzern auf die Schenkungssteuer, sofern die Schenkung mindestens fünf Jahre vor dem Erbgang erfolgte. Immer mehr Kantone führen die Steuerbefreiung auch für die Nachkommen ein. Damit erhöht sich die Attraktivität dieser Kantone als Wohnstätte für ältere und vermögende Menschen. Von dieser Steuerbefreiung profitieren allerdings nur die beweglichen Vermögensteile wie Wertschriften, Bank- und Versicherungsguthaben, Kunstgegenstände und dergleichen. Bei Liegenschaften kommt die lokal geltende Steuergesetzgebung zur Anwendung.

... ausser bei Liegenschaften

Die Erbschaftssteuer wird in jenem Kanton erhoben, in dem der Erblasser bzw. Schenker seinen letzten Wohnsitz hatte. Ausnahmen existieren nur, wo es sich um Liegenschaften handelt: Hier ist der Ort der Liegenschaft zur Besteuerung berechtigt («Liegenschaftenkanton»).

Steuerbefreiung im kantonalen Vergleich

	Steuerbefreiung für		
	überlebende Ehegatten	Nachkommen (Kinder)	Vorfahren (Eltern, Grosseltern)
AG	■	■	
AI	■		
AR	■	■	■
BE	■		
BL	■	■	
BS	■		
FR	■	■	■
GE			
GL	■	■	
GR	■		
JU			
LU	■	1	
NE	2	2	2
NW	■	■	
OW	■	■	■
SG	■	■	
SH	■	■	
SO	■ 4	■ 4	
SZ	■ 3	■ 3	■ 3
TG	■	■	
TI	■	■	■
UR	■	■	■
VD			
VS	■	■	■
ZG	■	■	■
ZH	■	■	

1 Vom Kanton befreit, Gemeinden können fakultativ Steuern erheben (max. 2%)
2 Tiefere Steuern, wenn Nachkommen vorhanden sind
3 Als einziger Kanton kennt SZ keine Erbschaftssteuer
4 Steuerbefreit für Erbschafts- und Schenkungssteuer, jedoch nicht für Nachlasssteuer

Quelle: Kant. Steuergesetze und Auskünfte kant. Steuerämter (Stand 2001)

Zu beachten ist jedoch, dass es für allfällige interkantonale Steuerausscheidungen unwesentlich ist, welche Vermögenswerte und Schulden den einzelnen Erben oder Vermächtnisnehmern per Testament oder Erbteilung zugewiesen werden. Denn jeder beteiligte Kanton besteuert jeden Erben nach seiner Erbquote. Diese Quote entspricht dem prozentualen Verhältnis zwischen den Aktiven, die dem betreffenden Kanton zugewiesen sind, und den Gesamtaktiven der Erbmasse.

Ausgestaltung des Steuertarifs

Erbschafts- und Schenkungssteuern zielen auf denselben Tatbestand ab, nämlich auf den Vermögensübergang von einem auf einen anderen Steuerpflichtigen. Deshalb wird bei der Tarifausgestaltung nicht zwischen diesen zwei Steuerarten unterschieden – sie sind identisch.
Der Tarif ist einerseits progressiv, das heisst, die Steuerbelastung steigt mit zunehmendem Vermögensübergang. Andererseits wird nach dem Verwandtschaftsgrad differenziert.

Abstufung der Steuer nach dem Verwandtschaftsgrad

Der Verwandtschaftsgrad ist nicht nur für die Steuerbefreiung in einzelnen Kategorien (z.B. Ehegatten oder Kinder) entscheidend, sondern auch für die Höhe der Steuersätze. Im Kanton Zürich beträgt die einfache Steuer je nach Höhe des Erbanfalls zwei bis sieben Prozent. Ehegatten und Nachkommen sind von dieser Steuer befreit. Eltern bezahlen die einfache Steuer, während bei zunehmender Erweiterung des Verwandtenkreises der Steuersatz mit einem Faktor multipliziert wird. Nicht-

Erbschaftssteuern im Kanton Zürich

Steuerpflichtiger Betrag (Vermögensübergang ./. Freibetrag)[1]	Einfacher Steuersatz	Einfache Steuer
für die ersten 30'000 Fr.	2%	600 Fr.
für die nächsten 60'000 Fr.	3%	1'800 Fr.
für die nächsten 90'000 Fr.	4%	3'600 Fr.
für die nächsten 180'000 Fr.	5%	9'000 Fr.
für die nächsten 480'000 Fr.	6%	28'800 Fr.
für die nächsten 660'000 Fr.	7%	46'200 Fr.
ab 1'500'000 Fr. auf den Gesamtbetrag	6%	> 90'000 Fr.

1 Freibeträge: 200'000 Fr. Eltern
15'000 Fr. Geschwister, Grosseltern, Verlobte, Stiefkind, Patenkind, Pflegekind, Hausangestellte mit mehr als 10 Dienstjahren
50'000 Fr. Lebenspartner(in), wenn mind. 5 Jahre im gleichen Haushalt zusammen gelebt
30'000 Fr. alle übrigen erwerbsunfähigen oder beschränkt erwerbsfähigen, unterstützungsbedürftigen Personen

Der Freibetrag ist bei mehreren (auch zeitlich auseinander liegenden) Vermögensübergängen nur einmal abziehbar.

Multiplikationsfaktor je nach Verwandtschaftsgrad

Ehegatte und Nachkommen	x 0
Eltern	x 1
Grosseltern und Stiefkinder	x 2
Geschwister	x 3
Stiefeltern	x 4
Onkel, Tanten und Nachkommen von Geschwistern	x 5
Übrige Erben	x 6

verwandte schliesslich bezahlen den sechsfachen Betrag des einfachen Steuersatzes, bei Vermögensübergängen grösser als 1,5 Millionen Franken also 36%.

Steuerfreibeträge

Die Kantone mit Erbschafts- und Schenkungssteuern sehen in der Regel Steuerfreibeträge vor. Diese unterscheiden sich aber erheblich nach Empfängerkategorie (z.B. Ehegatte, Kinder, Eltern) und innerhalb dieser Kategorie jeweils nach Kanton. Wo eine Besteuerung vorgesehen ist, liegt der grösste Freibetrag fast durchwegs bei den Kindern. Der Kanton Bern zum Beispiel sieht hier einen Betrag von 100'000 Franken pro Elternteil vor.

Beispielhafte Erbschaftssteuerbelastung im Kanton Zürich

	Erbschaft 250'000 Fr.[1]		Erbschaft 500'000 Fr.[1]		Maximalsatz[3]
Ehegatte, Kinder	0 Fr.	0%[2]	0 Fr.	0%	0%
Eltern	1'200 Fr.	0,5%	12'000 Fr.	2,4%	6%
Grosseltern, Stiefkinder	17'500 Fr.	7,0%	45'000 Fr.	9,0%	12%
Geschwister	26'250 Fr.	10,5%	67'500 Fr.	13,5%	18%
Stiefeltern	38'000 Fr.	15,2%	93'600 Fr.	18,7%	24%
Onkel, Tanten	47'500 Fr.	19,0%	117'000 Fr.	23,4%	30%
Übrige Erben	57'000 Fr.	22,8%	140'400 Fr.	28,1%	36%

1 Effektiver Vermögensübergang; der steuerpflichtige Betrag reduziert sich um die jeweiligen Freibeträge
2 Durchschnittliche Steuerbelastung in Prozent des effektiven Vermögensübergangs
3 Bei steuerbaren Vermögensübergängen von mehr als 1,5 Mio. Fr.

Kantonaler Vergleich

Im kantonalen Vergleich ergeben sich massive Unterschiede. Ehegatten zahlen nur in einzelnen Kantonen Erbschafts- und Schenkungssteuern. Im Kanton Genf jedoch zahlen sie beispielsweise bei einem Erbanfall von 1 Million Franken 51'550 Franken Steuern, also über 5%. Kinder bzw. Nachkommen bezahlen am meisten in den Kanto-

Erbschaftssteuern im kantonalen Vergleich

Steuerbelastung bei steuerbaren Vermögensübergängen (nach Abzug der jeweiligen Freibeträge), Angaben in Franken

	Ehegatte		Kinder		Dritte/Nichtverwandte	
	500'000	1 Mio.	500'000	1 Mio.	500'000	1 Mio.
AG	–	–	–	–	109'200	262'400
AI	–	–	6'750	14'250	99'000	199'000
AR	–	–	–	–	158'400	318'400
BE	–	–	5'500	17'250	116'800	312'000
BL[1]	–	–	–	–	202'909	422'095
BS	–	–	17'150	39'600	156'870	359'280
FR[2]	–	–	–	–	250'000	500'000
GE[3]	21'550	51'550	21'550	51'550	266'280	539'280
GL	–	–	–	–	98'000	198'000
GR[4]	–		19'600	40'000	19'600	40'000
JU[5]	9'500	23'500	9'500	23'500	187'500	387'500
LU[6]	–	–	9'500	20'000	190'000	400'000
NE[7]	27'000	60'000	27'000	60'000	180'000	360'000
NW	–	–	–	–	75'000	150'000
OW	–	–	–	–	100'000	200'000
SG	–	–	–	–	147'000	297'000
SH	–	–	–	–	176'500	396'000
SO[8]	–	–	–	–	150'000	300'000
SZ[9]	–	–	–	–	–	–
TG	–	–	–	–	140'000	280'000
TI	–	–	–	–	179'753	410'000
UR	–	–	–	–	150'000	300'000
VD	28'590	67'580	28'590	67'580	250'000	500'000
VS	–	–	–	–	125'000	250'000
ZG	–	–	–	–	70'900	168'400
ZH	–	–	–	–	140'400	330'000

1 Abstimmung vom 4. März 2001 ergab Steuerbefreiung der direkten Nachkommen
2 Gemeinde erhebt gleich viel Erbschafts- und Schenkungssteuern wie der Kanton (inkl. Gemeindesteuer)
3 Tarif für Ehegatten: mit gemeinsamen Nachkommen, sonst anderer Tarif
4 Nur Nachlasssteuer (Tarife richten sich nach dem Verlauf des Konsumentenpreisindex); Schenkungssteuer beträgt 5%; Gemeinden können zusätzlich eine Nachlass- oder Erbschaftssteuer erheben
5 Gilt nur für Erbschaftssteuer; Tarif für Ehegatten; mit gemeinsamen Nachkommen, sonst anderer Tarif
6 Nachkommen werden vom Kanton nicht besteuert; die Mehrzahl der Gemeinden erheben für Nachkommen eine Erbschaftssteuer (max. 2%); keine Schenkungssteuer, sofern Schenkung mind. 5 Jahre vor dem Tod des Erblassers erfolgte (sonst Erbschaftssteuer)
7 Gilt nur für Erbschaftssteuer; zusätzlich wird eine Nachlasssteuer für alle Erben erhoben (siehe Gesetz); Tarif für Ehegatten: mit gemeinsamen Nachkommen, sonst anderer Tarif
8 Gilt nur für Erbschaftssteuer; zusätzlich wird eine Nachlasssteuer für alle Erben erhoben (siehe Gesetz)
9 Einziger Kanton, welcher weder Erbschafts- noch Schenkungssteuern erhebt

nen Waadt (6,8%) und Neuenburg (6%). Bei Nichtverwandten liegen die Sätze allgemein am höchsten. Bei einem Erbanfall von einer Million Franken kann die Steuerrechnung von 0 Franken im Kanton Schwyz bis zu 539'000 Franken (53,9%) im Kanton Genf betragen.

Bereitschaft zum Domizilwechsel

Bei derartigen Unterschieden der kantonalen Besteuerung würde sich ein Wechsel des Wohndomizils lohnen. Die Bereitschaft dazu ist aber gering, wie eine Umfrage im Auftrag vom VZ VermögensZentrum und der BILANZ ergeben hat: nur 2% würden den Wohnort wechseln, 10% unter Umständen. Offensichtlich (und zum Glück) gibt es noch andere Prioritäten nebst der Steueroptimierung. Ausserdem stört die Steuer weniger die Befragten, d.h. die potenziellen Erblasser, als die zukünftigen Erben.

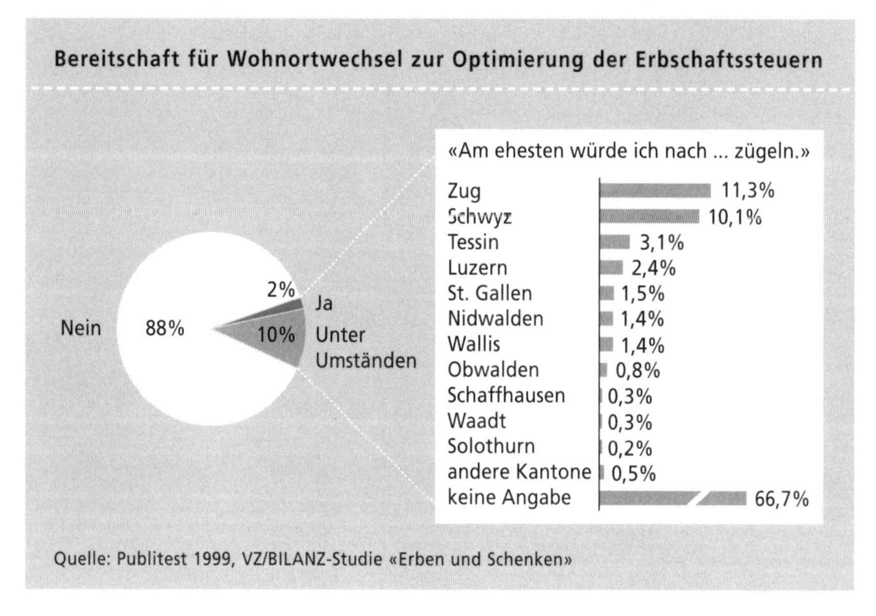

Wenn man nach dem Wohnort fragt, den man sich unter dem Gesichtspunkt der Steueroptimierung am ehesten aussuchen würde, so erstaunt das Ergebnis nicht: mit grossem Abstand führen die Kantone Zug und Schwyz die Hitliste an. Offensichtlich ist bei einem Grossteil der Bevölkerung bekannt, dass diese Kantone eine liberale Steuerpraxis verfolgen – und gleichzeitig auch sonst noch einiges an Wohnattraktivität zu bieten haben.

Steuer-
bemessung

Bemessungsgrundlage für die Berechnung der Erbschafts- und Schenkungssteuer ist der Verkehrswert des anfallenden oder geschenkten Vermögens. Teilweise wird auf die Werte abgestellt, die für die Vermögenssteuer gelten, bei Liegenschaften auf den amtlichen Schatzungswert, den Steuer- oder den Katasterwert. Für Wertschriften gelten besondere Vorschriften. Muss der Empfänger Schulden des Erblassers oder Schenkers übernehmen, so sind diese abziehbar. Massgebender Zeitpunkt ist im Erbfall der Todestag des Erblassers und im Falle der Schenkung der tatsächliche Vollzug.

Aufrechnung
aller Erb-
vorbezüge

Mit Erbvorbezügen, das heisst mit gestaffelten Schenkungen zu Lebzeiten, kann die Steuerprogression nicht gebrochen werden. Die meisten Kantone sehen für solche Fälle eine Addition aller Teilbeträge vor. Dies kann zum Zeitpunkt des Todes geschehen oder durch laufende Aufrechnung, in einigen Kantonen beschränkt auf fünf oder zehn Jahre zurück.

Bewertung von Nutzniessungen

Nutzniessungsrechte, zum Beispiel ein lebenslängliches Wohnrecht, werden in der Regel zum Kapitalwert erbschaftssteuerpflichtig. Anderseits können die belasteten Erben diesen Kapitalwert von dem ihnen zufallenden Vermögen in Abzug bringen. Bei Schenkungen und Nutzniessungsrechten können damit interessante Optimierungen erreicht werden (dazu später mehr).

Nachlassinventar

Für die Veranlagung der Erbschaftssteuern stützt man sich in der Regel auf ein Nachlassinventar, das von Amtes wegen erstellt wird. Wer beim Inventar unversteuerte Vermögenswerte des Erblassers («Schwarzgeld») verheimlicht, macht sich der Steuerhinterziehung schuldig. Vielfach werden Steuerhinterziehungen erst nach dem Tode des Hinterziehers aufgedeckt. Das Inventarisierungsverfahren in den Räumlichkeiten des Verstorbenen und die Befragung der Erben und/oder Willensvollstrecker bietet den Steuerbehörden weitaus bessere Untersuchungsmöglichkeiten als zu Lebzeiten des Steuerpflichtigen. Das amtliche Inventar der Erbschaft stellt ausserdem sicher, dass die Erben das ererbte Vermögen und die entsprechenden Erträge auch in Zukunft versteuern. Ausserdem bildet das Erbschaftsinventar in den meisten Kantonen auch die Grundlage für die Veranlagung der Erbschaftssteuer. Eine spezielle Erbschaftssteuer-Erklärung ist in diesen Fällen nicht mehr notwendig. Die Schenkungssteuer hingegen wird nicht auf Basis eines Inventars, sondern aufgrund einer Steuererklärung erstellt, die vom Beschenkten einzureichen ist.

Zwischenveranlagung

Die Zwischenveranlagung wurde für sämtliche Kantone hinfällig, die am 1.1.2001 das System der einjährigen Gegenwartsbesteuerung eingeführt haben. Der Vermögensanfall von Todes wegen wird bei den Erben pro rata besteuert. Einzige Ausnahme sind die Kantone Waadt, Wallis und Tessin. Diese Kantone veranlagen ihre Steuerpflichtigen noch nach dem System der zweijährigen Vergangenheitsbemessung. Entsprechend wird in diesen Kantonen bei einem Vermögensanfall von Todes wegen bei der Einkommens- und Vermögenssteuer eine Zwischenveranlagung vorgenommen. Die Zwischenveranlagung bezieht sich lediglich auf die von der Veränderung betroffenen Einkommens- und Vermögensteile; massgebender Zeitpunkt dabei ist der Todestag des Erblassers oder der Empfang einer Schenkung.

Haftung für Steuerschulden

Die Erben übernehmen steuerlich die Rechte und Pflichten des Erblassers und haften damit auch für die Steuerschulden. Erben müssen auch Auskünfte erteilen, Belege vorweisen oder noch nicht eingereichte Steuererklärungen des Erblassers ausfüllen. Andererseits haben Erben das Recht, Einsprachen, Rekurse oder Beschwerden für bereits getätigte Veranlagungen einzureichen.
Für die latenten Steuern des Erblassers haften die Erben bis zu seinem Todestag solidarisch und in der Regel nur bis zur Höhe ihrer Erbteile. «Solidarisch» heisst, dass die Steuerbehörde bei einem einzigen Erben sämtliche Schulden eintreiben kann und dieser dann auf seine Miterben Rückgriff nehmen muss. Auch Erben, die nicht

in der Schweiz wohnen, unterliegen den Grundsätzen solidarischer Haftung.
Zu den Steuerschulden gehören auch noch die nicht veranlagten Steuern, Bussen oder Nach- und Strafsteuern. Falls der Erblasser die Steuern für die laufende Periode bereits bezahlt hat, werden die überschüssigen Beträge rückerstattet. Anstehende Strafsteuern können in der Regel herabgesetzt werden, wenn die Erben zur Abklärung des Sachverhaltes beitragen. Bussen für Hinterziehungsversuche fallen nach dem Tode weg.
Bei Schenkungen haftet nach den meisten kantonalen Steuergrundsätzen nicht nur der Beschenkte, sondern auch (solidarisch) der Schenkende.

Doppelbesteuerungsabkommen

Um Doppelbesteuerungen im grenzüberschreitenden Bereich zu vermeiden, hat die Schweiz mit einigen Staaten entsprechende Abkommen vereinbart. Es sind dies: Deutschland, Dänemark, Finnland, Frankreich, Grossbritannien, Holland, Norwegen, Österreich, Schweden und USA.
Im Gegensatz zur Erbschaftssteuer fällt aber die Schenkungssteuer nicht unter derartige Abkommen. Ganz so, wie es auch zwischen Kantonen üblich ist, weist ein Grossteil dieser Abkommen die beweglichen Vermögenswerte (Wertschriften usw.) jenem Staat zu, in dem der Erblasser zuletzt seinen Wohnsitz hatte, unbewegliches Vermögen wie Liegenschaften jedoch dem Staat, auf dessen Gebiet ein solches Objekt steht. Einzig mit den USA besteht eine andere Regelung.

Erben oder Schenken von Liegenschaften

Liegenschaften unterliegen zahlreichen Sondervorschriften und werden im Vergleich zu anderen Vermögenswerten äusserst ungleich behandelt. Es gibt aber Möglichkeiten, die Steuerlast beim Schenken oder Vererben von Liegenschaften zu beeinflussen:

- Bei der Bewertung von Liegenschaften herrscht grosser Ermessensspielraum.
- Liegenschaften werden nicht im Wohnkanton versteuert, sondern in jenem Kanton, in dem sie liegen.
- Liegenschaften eignen sich besonders gut dafür, Nutzniessungsrechte zu übertragen.

Bewertung von Liegenschaften

Die Kantone berechnen den Wert einer geschenkten oder vererbten Liegenschaft äusserst unterschiedlich. Beträchtliche Bewertungsunterschiede herrschen vor allem zwischen landwirtschaftlich genutzten und landwirtschaftlich nicht genutzten Liegenschaften.

Bei der Bewertung von landwirtschaftlich nicht genutzten Liegenschaften, also Eigenheimen, Eigentumswohnungen oder Renditeliegenschaften, wird beispielsweise in den Kantonen Zürich, St. Gallen, Glarus, Graubünden und Schaffhausen der aktuelle Verkehrswert herangezogen. Teilweise ist aber auch der Ertragswert Basis einer Bewertung. Ein Vergleich der von den Kantonen angewandten Bewertungsgrundsätze ist leider äusserst schwierig, da die Begriffe «Verkehrswert», «Ertragswert» und «amtlicher Wert» kantonal sehr unterschiedlich interpretiert werden. Deshalb ist es ratsam, sich vor einem Kauf, einer Schenkung oder dem Erbgang bei der zuständigen Steuerverwaltung des Liegenschaftenkantons nach den Bewertungsgrundsätzen zu erkundigen oder eine steueramtliche Bewertung vornehmen zu lassen. Da in der Bewertung von Liegenschaften ein grosser Ermessensspielraum besteht, sollte der Steuerpflichtige das offizielle Ergebnis kritisch hinterfragen und nötigenfalls eine Zweitbeurteilung durch einen anerkannten Schatzungsexperten veranlassen.

Berücksichtigung der später anfallenden Grundstückgewinnsteuern

Die Grundstückgewinnsteuer wird beim Erbgang im engeren Verwandtenkreis in der Regel nicht erhoben. Bei einem späteren Verkauf der Liegenschaft unterliegt aber die Differenz zwischen dem Verkaufspreis und dem ursprünglichen Erwerbspreis (zuzüglich wertvermehrender Aufwendungen) der Grundstückgewinnsteuer. Die während der Zeit des Besitzes erzielten Grundstückgewinne werden also beim Verkauf durch den Erben versteuert. Wenn mehrere Erben den Nachlass unter sich teilen müssen, sollte diese latente Grundstückgewinnsteuer berücksichtigt werden. Sonst könnte später der Erbe stark benachteiligt werden, der bei der Erbteilung die Liegenschaft übernommen hat.
Bei einer Liegenschaft im Kanton Zürich mit einem Verkehrswert von 1 Million Franken und anrechenbaren Anlagekosten (ursprünglicher Erwerbspreis und wertvermehrende Aufwendungen) von 500'000 Franken beträgt die latente Grundstückgewinnsteuer bei einer anrechen-

baren Besitzdauer von 20 Jahren knapp 100'000 Franken. Der «erbtechnische» Verkehrswert beträgt somit nicht 1 Million Franken, sondern nur 900'000 Franken. Diese Differenzierung ist vor allem dann wichtig, wenn eine grössere Erbmasse von unterschiedlichen Vermögenswerten (Liegenschaften, Wertschriften, Barvermögen, Wertgegenstände usw.) unter mehreren Erben aufzuteilen ist. Ob alle latenten Steuerbeträge oder nur Teile davon (zum Beispiel die Hälfte) in die Berechnung der Erbteilung einfliessen sollten, ist gesetzlich nicht geregelt, sondern liegt im Ermessen der beteiligten Parteien.
Der Idee, nicht den vollen latenten Steuerbetrag zu berücksichtigen, liegt die Überlegung zugrunde, dass für den Steuerpflichtigen eine Steuer, die möglicherweise erst in vielen Jahren anfällt, eine geringere finanzielle Einbusse bedeutet als eine nominal gleich hohe Steuer, die jedoch bereits heute bezahlt werden muss. Denn der Steuerpflichtige hat ja die Möglichkeit, dieses Geld bis zur Fälligkeit der Steuer zinsbringend anzulegen. Zudem reduziert die Inflation den effektiven Wert nominal gleich bleibender Schulden.

Besteuerung im Liegenschaften-Kanton

Massgebend bei der Besteuerung einer Liegenschaft sind der Kanton und teilweise auch die Gemeinde, wo sie liegt. Dies unterscheidet sie von den übrigen Vermögenswerten (Wertschriften oder Sparguthaben), für deren steuerliche Behandlung der Wohnsitz des Erblassers zum Zeitpunkt des Todes, bzw. der Wohnsitz des Schenkers zum Zeitpunkt des Vermögensübergangs, bestimmend ist.

Bereits beim Kauf die Steuerfolgen bedenken

Möchte man Liegenschaften zu einem späteren Zeitpunkt möglichst ohne Belastung durch Schenkungs- oder Erbschaftssteuern an die Nachkommen, den Ehepartner oder den Konkubinatspartner weitergeben, sollte man bereits beim Kauf die unterschiedliche Gesetzgebung der Kantone berücksichtigen. (Siehe dazu die vorangegangenen Abschnitte.)

Renditeobjekte in steuergünstigen Kantonen kaufen

Insbesondere wenn sich ein privater Anleger aus Gründen der Diversifikation seines Vermögens zur Investition in eine Renditeliegenschaft entschliesst, sollten aus steuerlicher Sicht unbedingt die Folgen bei Erbschaft oder Schenkung geprüft werden. Kauft beispielsweise ein Zürcher Anleger ein Mehrfamilienhaus im Kanton Schwyz zu Anlagezwecken, so brauchen die Erben dieses Anlegers für diesen Teil der Erbschaft keine Erbschaftssteuern zu zahlen. Es ist deshalb sinnvoll, langfristig ausgerichtete Renditeliegenschaften in Kantonen zu kaufen, die keine oder nur eine sehr geringe Erbschaftssteuer erheben. Gerade bei unverheirateten Lebenspartnern, die teilweise mit den höchsten Steuersätzen belastet werden, gewinnt dieser Punkt an zusätzlicher Bedeutung.

Schenkung mit Nutzniessung

Eine weitere Möglichkeit zur Steueroptimierung gibt es, wenn man Liegenschaften noch zu Lebzeiten verschenkt und mit einer Nutzniessung kombiniert. Damit kommt es faktisch zu einer Zweiteilung des Vermögens: Der Begünstigte wird neuer Eigentümer, die Erträge gehören dem alten Eigentümer, dem Nutzniesser. Häufig wird dieses Vorgehen für Liegenschaften und Wertschriftendepots gewählt. Die Nutzniessung besteht entsprechend aus einem Wohnrecht, aus Mieteinnahmen oder Wertschriftenerträgen (Zinsen und Dividenden, jedoch nicht Wertsteigerungen). Möglich sind auch Vereinbarungen mit Teilnutzniessung.

Nutzniessung mindert den steuerbaren Vermögensübergang

Für Vermögensübergänge mit Nutzniessung sind weniger Schenkungs- oder Erbschaftssteuern fällig. Der Grund: Die Nutzniessung mindert den Wert des Vermögensübergangs. Denn der Schenkung steht nun in Form der Nutzniessung eine Gegenleistung oder ein Minderwert gegenüber, den man finanziell bewerten kann. Die meisten Kantone rechnen daher die Nutzniessung gegen die Schenkung auf, indem sie die jährliche Nutzniessung kapitalisieren. Die jährliche Nutzniessung ist in der Regel ein von der Steuerbehörde festgelegter Prozentsatz des Vermögens, beispielsweise vier Prozent. Die Kapitalisierung leitet sich ab aus der statistischen Restlebenserwartung des Nutzniessers, denn so lange würde er statistisch gesehen die Nutzniessung beanspruchen. Das bedeutet: Je jünger der Nutzniesser ist, desto grösser ist der Steuereffekt. Denn ein jüngerer Nutzniesser im Alter von 60 Jahren hat eine höhere statistische Lebenserwartung als ein älterer Nutzniesser im Alter von 70 Jahren. Damit steigt der Wert der Nutzniessung, der vom Liegenschaftswert in Abzug gebracht wird, und damit sinkt der steuerbare Vermögensübergang, der die Basis der Erbschafts- oder Schenkungssteuern ist.

Einkommens- und Vermögenssteuern beim Nutzniesser

Bei voller Nutzniessung bezahlt der Nutzniesser weiterhin Einkommenssteuern auf dem Ertrag und Vermögenssteuern auf dem Vermögenswert. Er übernimmt Unterhalt und Hypothekarzinsen. Gegenüber der Situation vor der Schenkung ändert sich also nichts – weder für den Schenker (den Nutzniesser) noch für den Beschenkten (den neuen Eigentümer).

Vorsicht: Verfügungsmacht nicht mehr beim Nutzniesser

Die Eigentumsübertragung unter dem Vorbehalt der Nutzniessung bedeutet aber, dass der Nutzniesser die wirtschaftliche Verfügungsmacht verliert. Er kann beispielsweise kein zusätzliches Hypothekardarlehen aufnehmen und die frei werdenden Mittel für sich verwenden. Hingegen kann der neue Eigentümer ein zusätzliches Darlehen aufnehmen und die frei werdenden Mittel zu eigenen Zwecken verwenden – die Darlehenszinsen gehen zu seinen Lasten.

Wohnrecht: Hypozinsabzug beim Erben

Das Wohnrecht ist eine besondere Form der Nutzniessung: Der Erblasser übergibt seine Liegenschaft zu Lebzeiten an die Erben, behält sich aber das Recht vor, darin zu wohnen. Der Erblasser trägt die Unterhaltskosten, er versteuert den Eigenmietwert (abzüglich Unterhaltskosten) als Einkommen und – je nach Kanton – das kapitalisierte Wohnrecht als Vermögen.

Der wesentliche Unterschied des Wohnrechts zur Nutzniessung betrifft die Vermögens- und Einkommenssteuern des neuen Eigentümers. Denn dieser versteuert den Verkehrswert bzw. Steuerwert abzüglich kapitalisier-

ten Wohnrechts bei sich im Vermögen. Der neue Eigentümer zahlt auch die Hypothekarzinsen und kann sie entsprechend vom steuerbaren Einkommen abziehen.
Wichtig: Das Wohnrecht muss explizit als solches formuliert und im Grundbuch eingetragen werden.

Nutzniessung und Wohnrecht

	Beschreibung	Erbrechtliche Konsequenzen	Steuerliche Konsequenzen
Nutzniessung	Zuwendungen von Eigentum, wobei die Zuwendung mit der Nutzniessung belastet ist. Das Nutzniessungsrecht bleibt beim Schenker. Die Nutzniessung wird im Grundbuch eingetragen.	Beschenkter zahlt Schenkungssteuer. Wertverminderung des Steueranrechnungswertes wegen Nutzniessung. Schenkungen und Erbvorbezüge an pflichtteilsberechtigte Erben werden immer an deren Erbteil angerechnet. Bewirtschaftung und Unterhaltspflicht weiterhin beim Nutzniesser, jedoch ohne wirtschaftliche Verfügungsmacht (Verkauf resp. Aufnahme von Hypotheken nicht mehr möglich).	In der Regel keine Veränderung bei der Einkommens- und Vermögenssteuer: Der Nutzniesser versteuert als Einkommen den Nutzniessungsertrag und kann die Hypothekarzinsen, die Versicherungsprämien und die Unterhaltskosten (sofern selbst getragen) in Abzug bringen; als Vermögen besteuert er die Liegenschaft und kann die Hypotheken abziehen.
Wohnrecht	Wie Nutzniessungsrecht, aber nur bei vom Wohnrechtsbesitzer bewohntem Wohneigentum. Das Wohnrecht wird im Grundbuch eingetragen.	Wie Nutzniessung, aber Bewirtschaftung und Unterhalt bei Beschenktem (neuer Eigentümer).	Der Wohnrechtsberechtigte wird für die Einkommenssteuer analog der Nutzniessung besteuert; die Vermögenssteuer wird in der Regel vom neuen Eigentümer erbracht, oftmals unter Abzug des Wohnrechts.

Beispiel zur Steueroptimierung durch Nutzniessung

Das folgende Beispiel zeigt, dass durch Nutzniessung erhebliche Steuereinsparungen möglich sind:
Ein 60-jähriger Mann besitzt im Kanton Bern ein Mehrfamilienhaus mit einem amtlichen Wert von 1 Million Franken. Der Nutzniessungswert beträgt 532'000 Franken (4% Nutzniessung von 1 Million Franken gleich 40'000 Franken im Jahr mal Kapitalisierungsfaktor 13,3 gemäss den Mortalitätstafeln von Stauffer/Schätzle). Im Alter von 70 Jahren würde der Nutzniessungswert aufgrund der kürzeren Lebenserwartung bereits auf 388'000 Franken sinken. Um die enormen Differenzen innerhalb der unterschiedlichen Verwandtschaftsgrade zu illustrieren, wollen wir zwei Fälle analysieren: Fall A berechnet

Beispiel: Schenkung mit Nutzniessung

Ausgangslage:
Alter, Geschlecht, Wohnkanton des Erblassers/Schenkers: 60 Jahre, männlich, Kanton Bern
Steuerwert der Liegenschaft: 1'000'000 Fr.
Wert der Nutzniessung: 532'000 Fr.
(4% Nutzniessung von 1'000'000 mal Kapitalisierungsfaktor 13,3)
Verwendung der Mortalitätstafeln von Stauffer/Schätzle

in Franken	**Fall A: Schenkung an Kind**		**Fall B: Schenkung an Nichtverwandte**	
1. Normale Schenkung	Steuerwert	1'000'000	Steuerwert	1'000'000
	Freibetrag	100'000	Freibetrag	10'000
	Steuerbarer Wert	900'000	Steuerbarer Wert	990'000
	Schenkungssteuer	**17'250**	**Schenkungssteuer**	**312'000**
2. Schenkung mit Nutzniessung	Steuerwert	1'000'000	Steuerwert	1'000'000
	Freibetrag	100'000	Freibetrag	10'000
	Nutzniessung	532'000	Nutzniessung	532'000
	Steuerbarer Wert	368'000	Steuerbarer Wert	458'000
	Schenkungssteuer	**4'940**	**Schenkungssteuer**	**106'560**
Reduktion der Steuerbelastung		–71%		–66%

die Reduktion der Schenkungssteuer bei Übergabe an einen direkten Nachkommen, während Fall B die Schenkung an einen Nichtverwandten berechnet.
Die Resultate unterscheiden sich erheblich. Im Fall A können 71% der anfallenden Schenkungssteuern (bzw. der zukünftigen Erbschaftssteuern) mit der Nutzniessungsübertragung eingespart werden (4'940 Franken gegenüber 17'250 Franken). Im Fall B liegt der Vorteil bei 66%. Die Einsparung beträgt aufgrund der vielfach höheren Besteuerung bei einer Schenkung an Nichtverwandte 205'440 Franken (106'560 Franken gegenüber 312'000 Franken).

Nutzniessung vor allem bei Nichtverwandten sinnvoll

Die beiden Beispiele verdeutlichen, dass eine vorzeitige Schenkung bei gleichzeitiger Beibehaltung des lebenslangen Nutzniessungsrechtes enorme steuerliche Vorteile bringen kann. Selbstbewohnte Liegenschaften eignen sich ideal dafür. Speziell zwischen entfernt oder gar nicht verwandten Personen sollte die Nutzniessung gezielt eingesetzt werden, da bei ihnen die Schenkungs- und Erbschaftssteuern je nach Kanton über 50% betragen können. Vorsicht aber: es gibt Kantone, welche beim Tod des Nutzniessers die kapitalisierte Nutzniessung im Nachhinein besteuern.

Sonderproblem «gemischte Schenkung»

Eine Schenkung liegt grundsätzlich nur dann vor, wenn eine Zuwendung ohne Gegenleistung erfolgt. Bei geschenkten Liegenschaften können Gegenleistungen erfolgen, indem der Beschenkte Hypotheken, die auf der

Liegenschaft lasten, übernimmt. Ist die Schuldübernahme (Gegenleistung) deutlich tiefer als die eigentliche Zuwendung (Hauptleistung), spricht man von einer «gemischten Schenkung». Wie hoch der Unterschied zwischen Leistung und Gegenleistung sein muss, ist nur in wenigen Kantonen klar geregelt. Im Kanton Zürich muss die Gegenleistung mindestens 25% geringer als die Hauptleistung sein. Oder anders gesagt: Beträgt der Unterschied zwischen Leistung und Gegenleistung weniger als 25%, liegt keine Schenkung vor. In diesem Fall eines Liegenschaftenübertrages würden Grundstückgewinnsteuer und Handänderungssteuer fällig.

Beispielrechnung «gemischte Schenkung»

Möchte ein Liegenschaftenbesitzer im Kanton Zürich seiner langjährigen Lebenspartnerin (nicht verwandt) seine Liegenschaft im Wert von 1 Million Franken mit einer Hypothekarbelastung von 80% schenken, so würde das steuerlich nicht als Schenkung anerkannt, falls die Lebenspartnerin die Schulden ebenfalls übernähme. Die Gegenleistung beträgt 80% der Hauptleistung und fällt somit unter den Grenzwert von 25% Minimaldifferenz. In diesem Fall müsste der Schenker die aufgelaufene Grundstückgewinnsteuer und die Handänderungssteuer zum Zeitpunkt der Übertragung bezahlen. Nimmt man einen Anlagenwert der Liegenschaft von 400’000 Franken an (ursprünglicher Kaufpreis plus wertvermehrende Aufwendungen), beträgt die Grundstückgewinnsteuer selbst bei einer anrechenbaren Besitzdauer von 20 Jahren (Maximum in Zürich) 114’700 Franken und die Handänderungssteuer 10'000 Franken. Hätte der Schenker die Hypothekarbelastung um 60'000 Franken reduziert, würde die Übertragung als gemischte Schenkung anerkannt, da die Minimaldifferenz zwischen Leistung und Gegenleistung nicht unterschritten wäre. Der Schenkungsbetrag würde sich auf 260'000 Franken belaufen und die geschuldete Schenkungssteuer, unter Berücksichtigung des steuerfreien Betrages von 50'000 Franken, betrüge 45'000 Franken. Bei diesem Vorgehen hätte der Schenker rund 80'000 Franken Steuern gespart. Dies gilt aber nur, solange die Lebenspartnerin die geschenkte Liegenschaft nicht an einen Dritten veräussert. Ansonsten müsste sie den in den vergangenen 20 Jahren aufgelaufenen Grundstückgewinn versteuern. Behält sie die Liegenschaft länger als 20 Jahre, wird die oben berechnete Steuerersparnis endgültig.

Einsatzmöglichkeiten von Lebensversicherungen

Die Gesetzgebung räumt der Lebensversicherung eine wertvolle Sonderstellung ein. Wesentliche Eckwerte dabei sind die speziellen Begünstigungsregelungen, die speziellen Vorgaben im Zusammenhang mit Pfandrechten und bei Konkurs und die spezielle Besteuerung der Kapitalauszahlungen im Todesfall.

Einfache Begünstigung

Der Versicherungsnehmer kann bei der Antragstellung (oder auch noch zu einem späteren Zeitpunkt) durch eine einfache, schriftliche Erklärung oder einen Brief an den Versicherer bestimmen, wer im Falle seines Todes die Versicherungssumme erhalten soll. Dabei können einzelne oder mehrere Personen und auch Organisationen begünstigt werden. Eine Begünstigung kann jederzeit geändert werden, sofern der Versicherungsnehmer nicht ausdrücklich auf sein Widerrufsrecht verzichtet hat (d.h. sofern er nicht eine so genannte unwiderrufliche Begünstigung formuliert hat, was aus haftungstechnischen Gründen sinnvoll sein kann).
Die Begünstigten erhalten beim Eintritt des versicherten Ereignisses (in der Regel der Todesfall) einen eigenen, direkten Anspruch. Das bedeutet in der Praxis: Die Versicherungsgesellschaft kann und wird die versicherte Leistung sofort auszahlen, ohne die Teilung des Nachlasses abwarten zu müssen.

Erhalt der Versicherungssumme, auch bei Ausschlagen der Erbschaft

Sind nahe Verwandte – Ehegatte, Nachkommen, Eltern, Grosseltern oder Geschwister – als Erbberechtigte des Versicherungsnehmers begünstigt, so haben sie in jedem Fall Anspruch auf ihren Versicherungsanteil. Die Versicherungsleistungen kommen den Begünstigten auch dann zugute, wenn die Erbschaft – z.B. aufgrund einer Überschuldung – ausgeschlagen wird. Die Versicherungsleistung fällt hier, ähnlich wie beim Konkursprivileg, nicht in die Erbmasse.

Pfandrecht und Konkursprivileg

Eine Lebensversicherung bietet auch Schutz im Rahmen von Gläubigeransprüchen oder im Konkursfall. Voraussetzung: Ehepartner oder Kinder müssen in der Police als Begünstigte eingetragen sein, dann können allfällige Gläubiger nicht auf die Versicherungsleistung zurückgreifen. Es bleibt lediglich ein Pfandrecht auf der Police bestehen.

Dieser gesetzliche Familienschutz ist bereits zu Lebzeiten des Versicherten gültig: Existiert ein Verlustschein gegen den Versicherungsnehmer oder wird Konkurs über ihn eröffnet, so unterliegt der Versicherungsvertrag nicht der Zwangsvollstreckung. Diese Einschränkung tritt in Kraft, wenn die Begünstigung vor Eintritt der Überschuldung festgelegt wurde. Von Gesetzes wegen geht die Lebensversicherung an die Begünstigten über, die an Stelle des Versicherten in die vertraglichen Rechte und Pflichten aus dem Versicherungsvertrag eintreten und den Versicherungsvertrag weiterführen oder zurückkaufen können.

Vorsicht vor Pflichtteilsverletzungen

Durch die Begünstigung in einer Lebensversicherungspolice kann eine Pflichtteilsverletzung entstehen. Um zu ermitteln, ob das der Fall ist, wird der Rückkaufswert des Versicherungsanspruchs beim Tod des Versicherten zum Nachlass gerechnet. Man muss jedoch zwischen reinen Risikoversicherungen und so genannten gemischten Lebensversicherungen unterscheiden:
Risiko-Lebensversicherungen haben keinen Rückkaufswert und können damit auch keinen Pflichtteil verletzen. Die zur Auszahlung gelangende Versicherungssumme fällt nicht in den Nachlass; die Begünstigung kann nach freiem Ermessen erfolgen.
Anders ist dies bei gemischten Kapital-Lebensversicherungen, die einen Mix aus Risikoabsicherung und Sparprozess darstellen. Die angesparte Summe, der Rückkaufswert, ist logischerweise ein Vermögensbestandteil; im Todesfall findet also ein Vermögensübergang statt, der güter- und erbrechtlichen Vorschriften unterliegt.

Besteuerung im Todesfall

Bei Kapitalleistungen im Todesfall muss zwischen rückkaufsfähigen und nicht-rückkaufsfähigen Versicherungen unterschieden werden. Dazu ist eine Differenzierung zwischen Leistungen aus der Säule 3a (gebundene Vorsorge) und Leistungen der Säule 3b (freie Vorsorge) vorzunehmen.
Bei Säule 3a unterscheidet man nicht, ob der laufende Vertrag rückkaufsfähig ist oder nicht. In diesem Fall nämlich werden die Auszahlungen immer getrennt vom übrigen Einkommen zum so genannten Rentensatz besteuert.

Diese Tatsache ist bei Konkubinatspartnern äusserst wichtig, da der Rentensatz in den meisten Kantonen erheblich tiefer ist als der Erbschaftssteuersatz für Nichtverwandte.
Bei Säule 3b (freie Vorsorge) hingegen wird zwischen den rückkaufsfähigen und nicht-rückkaufsfähigen Verträgen unterschieden. Bei ersteren wird unterschieden zwischen Spar- und Risikoanteil. Der Risikoanteil unterliegt im Bund und in allen Kantonen der Einkommenssteuer (Rentensatz). Der Sparanteil (von den Versicherungsgesellschaften ausgewiesen) unterliegt der Erbschaftssteuer.
Die reinen Risikoversicherungen (nicht-rückkaufsfähig) unterliegen der Einkommenssteuer. Sie werden allerdings getrennt vom übrigen Einkommen zum Rentensatz besteuert, analog der Säule-3a-Besteuerung, bzw. dem Risikoanteil der rückkaufsfähigen Lebensversicherungen.

Säule 3a für den Freund/Bekannten, Säule 3b für den Ehegatten

Als Empfehlung kann man zusammenfassen: Soll eine entfernt oder nicht-verwandte Person begünstigt werden, empfiehlt sich entweder der Abschluss einer reinen Risikoversicherung (die Besteuerung erfolgt zum günstigen Rentensatz und es besteht keine Gefahr einer Pflichtteilsverletzung) oder einer Lebensversicherung im Rahmen der Säule 3a.
Dann greift der günstige Rentensatz und nicht die oftmals teure Erbschaftssteuer. Sollen Personen abgesichert werden, die keine oder wenig Erbschaftssteuer zahlen müssten (z.B. Ehegatten), ist die Säule 3a oft die teurere Lösung. Denn hier wird – unabhängig vom Verwandtschaftsgrad – immer eine Kapitalauszahlungssteuer fällig;

Steuerliche Behandlung der Säulen 3a und 3b im Todesfall

	Säule 3a	Säule 3b[1]	
	(unabhängig, ob 3a-Konto, 3a-Sparversicherung oder 3a-Risikoversicherung)	rückkaufsfähige Police (Sparversicherung)	nicht-rückkaufsfähige Police (reine Risikoversicherung)
Regelung nach dem Steuerharmonisierungsgesetz (seit dem 1.1.2001)	getrennt vom übrigen Einkommen zu einem Sondersatz; z.B. ZH: 1/10 der Kapitalleistung; z.B. BL: zum so genannten Rentensatz	Risikoanteil[2]: getrennt vom übrigen Einkommen zu einem Sondersatz Sparanteil[2]: Erbschaftssteuer (unterschiedlich je Kanton und abhängig vom Verwandtschaftsgrad und der Höhe der Kapitalauszahlung)[3]	getrennt vom übrigen Einkommen zu einem Sondersatz (wie Säule 3a)

1 Angaben nur für Lebensversicherungen, die mit periodischen Prämieneinzahlungen finanziert werden; für so genannte Einmaleinlagen-Versicherungen gelten besondere Bestimmungen

2 Aufteilung wird von der Versicherungsgesellschaft ausgewiesen

3 Siehe hierzu die separaten Ausführungen und Tabellen zur Erbschaftssteuer

zwar erfolgt die Besteuerung zum Rentensatz, aber auch der ist noch höher als keine Erbschaftssteuern im Rahmen der Säule 3b (für ausgewählte Personengruppen und kantonal unterschiedlich).

Rentenversicherungen: Besteuerung im Todesfall

Häufig wird statt einer Kapital- eine Rentenversicherung abgeschlossen. Verbreitet ist die lebenslängliche Rente, die nach einer einmaligen Kapitaleinlage entrichtet wird. Ist «Rückgewähr» vereinbart, fällt das einbezahlte Kapital im Todesfall ohne Zinsen und unter Abzug der bereits bezahlten Renten (Summe der ausbezahlten garantierten Rentenzahlungen ohne die ebenfalls entrichteten Überschüsse, die aufgrund des guten Geschäftsverlaufs der Versicherungsgesellschaft ausbezahlt wurden) an die Begünstigten zurück. Dieses Restkapital wird zur Erbmasse gerechnet und unterliegt in der Regel der Erbschaftssteuer. Bei einer Rentenversicherung «ohne Rückgewähr» fällt das Kapital hingegen dem Versicherer zu, selbst wenn der Rentner unmittelbar nach Abschluss des Vertrages stirbt. In diesem Falle wird konsequenterweise auch keine Erbschaftssteuer fällig.

Spezialfall: Rentenversicherung mit garantierter Laufzeit

Eine spezielle Art von Rentenversicherung sieht vor, die Rente über eine im Voraus bestimmte Laufzeit garantiert auszubezahlen, beispielsweise 10 oder 15 Jahre lang, unabhängig davon, ob der Rentenbezüger während der Periode stirbt. Stirbt er tatsächlich vor Ablauf der festgesetzten Laufzeit, geht der Rentenanspruch an die Erben über. In diesen Fällen wird das so genannte Rentenstammrecht, der Wert der zukünftigen Rentenzahlungen, der Erbmasse zugerechnet und von der Erbschaftssteuer erfasst. Parallel dazu müssen die laufenden Renten bis zum Ende der vertraglich fixierten Dauer von den Begünstigten als Einkommen versteuert werden.

Steuersparmassnahmen im Überblick

Wohnort

1. Steuergünstigen Wohnort wählen
Erbschafts- und Schenkungssteuern werden von dem Kanton erhoben, in dem der Erblasser seinen letzten Wohnsitz hatte (Ausnahme: Liegenschaften). Die Steuerbelastung ist kantonal sehr unterschiedlich; die Wahl des Wohnorts ist also entscheidend für die Höhe der zukünftigen Steuern.

Heirat

2. Heiraten
Nichtverwandte Personen werden zu den höchsten Sätzen besteuert. Einige Kantone haben spezielle Tarife für Konkubinatspartner eingeführt. Ehepartner hingegen zahlen in den meisten Kantonen gar keine Erbschafts- oder Schenkungssteuern. Sollte dies doch der Fall sein, empfehlen sich güterrechtliche Massnahmen (siehe Punkt 7b).

Schenken

3. Schenken statt Vererben
Bei Schenkungen zu Lebzeiten unterliegt die Wertzunahme des geschenkten Vermögens nicht mehr der Erbschaftssteuer. Das gilt auch für (zinslose) Darlehen, die es insbesondere zwischen Eltern und Kindern häufig gibt: Die Wertsteigerung der ausgeliehenen Mittel während der Darlehensdauer wird bei der Erbschaftssteuer nicht berücksichtigt; beim Vermögensübergang wird nur der Nominalwert des Darlehens besteuert. Ausserdem können Einkommens- und Vermögenssteuern durch optimale Aufteilung von Vermögen und daraus resultierenden Vermögenserträgen gezielt auf verschie-

dene Familienmitglieder verteilt werden. Damit kann die Gesamtsteuerbelastung einzelner Familienmitglieder oder der Gesamtfamilie optimiert werden.

Schenken mit Nutzniessung

4. Schenken inklusive Nutzniessung

a. Nutzniessung bei allen Vermögensarten

Nutzniessungen werden bei Vermögensübergängen angerechnet; die Beschenkten können den kapitalisierten Wert der Nutzniessung von der Schenkung abziehen. Wichtig: je jünger der Schenker, desto höher der Nutzniessungswert und desto tiefer die steuerbare Schenkung.

b. Wohnrecht (spezielle Nutzniessung)

Ein Wohnrecht bringt bezüglich Schenkungssteuer denselben Effekt wie eine normale Nutzniessung. Eine Änderung ergibt sich bezüglich Vermögens- und Einkommenssteuer, weil der neue Eigentümer den Verkehrswert bzw. Steuerwert (abzüglich Nutznicssungswert) im Vermögen versteuert und die Hypothekarzinsen vom steuerbaren Einkommen abziehen kann.

Freibeträge ausschöpfen

5. Freibeträge voll ausschöpfen

Freibeträge an Kinder sollten maximal ausgeschöpft werden. So sollte ein Vater zuerst steuerfrei an seine Frau schenken, damit diese an den Sohn weiterschenken und ihren Steuerfreibetrag auch ausschöpfen kann.

Lebensversicherungen

6. Abschluss von Lebensversicherungen

Möchte man nicht-verwandte Personen begünstigen oder

möchte man die latenten Erbschaftssteuern abdecken, so kann sich der Abschluss einer Lebensversicherung lohnen. Wichtig ist die Form der Versicherung (Säule 3a bzw. 3b, reine Risiko-Lebensversicherung oder gemischte Lebensversicherung).

Optimierungen im Zusammenhang mit Liegenschaften

7. Optimierungen im Zusammenhang mit Liegenschaften
a. Kantonswahl bei Liegenschaften:
Erbschafts- und Schenkungssteuern von Liegenschaften werden von den Kantonen erhoben, in denen die Liegenschaft liegt. Deshalb sollten insbesondere Renditeobjekte (z.B. Mehrfamilienhäuser) nur in steuergünstigen Kantonen gekauft werden.
b. Verkauf gegen Darlehen
Eine Liegenschaft in einem steuerungünstigen Kanton kann zu Lebzeiten an die Nachkommen verkauft werden. Statt dass diese den Kaufpreis bezahlen, erhalten sie vom Erblasser ein Darlehen. Die so entstandene Schuld gilt als bewegliches Vermögen; sie unterliegt bei Erbschafts- und Schenkungssteuern dem Wohnort des Erblassers.
c. Gemischte Schenkung (= Verkauf) statt Schenkung
Eine Schenkung, die mit einer Gegenleistung – beispielsweise mit der Übernahme einer Hypothek – verbunden ist, kann unter bestimmten Voraussetzungen steuertechnisch zu einem Verkauf werden. Geschieht dies bei einer Liegenschaft, kommt die Grundstückgewinnsteuer zur Anwendung, die im Einzelfall höher sein kann als die Schenkungssteuer.

Optimierungen für Kantone mit Ehegattenbesteuerung

8. Optimierungen für Kantone mit Ehegattenbesteuerung

a. Vererben direkt an die Kinder

Zuweisungen sollten direkt an die Nachkommen vorgenommen werden, sonst fällt die Erbschaftssteuer zweimal an (einmal an den Ehegatten und bei dessen Todesfall nochmals an die Kinder).

b. Güterrechtliche Massnahmen

Bei Errungenschaftsbeteiligung kann der Ehepartner mittels Ehevertrag güterrechtlich maximal begünstigt werden (Zuweisung des gesamten Vorschlags). In den Nachlass, und damit unter die Erbschaftssteuer, fällt nur das Eigengut. Ist dieses sehr hoch, z.B. im Fall einer Altersheirat, kann durch einen Wechsel des Güterstandes von der Errungenschaftsbeteiligung hin zur Gütergemeinschaft das Eigengut ins Gesamtgut überführt werden.

Gründung von Familien-Stiftung ist keine Steuersparmassnahme!

Keine Steuersparmassnahme ist übrigens das Gründen einer Familien-Stiftung: Der Übergang vom Privat- ins Stiftungsvermögen wird behandelt wie ein Vermögensübergang zwischen Nichtverwandten und unterliegt deshalb dem höchstmöglichen Steuertarif. Stiftungen im Zusammenhang mit Steueroptimierungen werden deshalb vor allem für unversteuertes bzw. nicht mehr angegebenes Geld (hauptsächlich von Ausländern) errichtet. Anders sieht es natürlich bei gemeinnützigen Stiftungen aus, die steuerlich privilegiert behandelt werden.

Kapitel 6

Nachlassplanung und Willensvollstreckung

Vorgehensweise bei der Nachlassplanung

Eine Nachlassplanung zu Lebzeiten verfolgt drei Ziele: Erstens soll sichergestellt werden, dass der zukünftige Vermögensübergang auch wirklich so erfolgt, wie sich der Erblasser das vorstellt. Zweitens soll Streit unter den Erben vermieden werden. Denn wenn es um Geld geht, hört der Spass in der Regel auf; und auch unter Familienmitgliedern, die sich vorher gut verstanden haben, entsteht Argwohn, Missgunst und Streit. Drittens hilft eine frühzeitige Nachlassplanung Steuern sparen.

Schritt 1: Ausgangslage

Als erster Schritt einer systematischen Nachlassplanung gilt es, die Ausgangslage exakt zu erfassen. Sämtliche Eckdaten, die im Zusammenhang mit einer Erbschaft wichtig sind, müssen gesammelt werden. Dazu gehören der familiäre Hintergrund, der Güterstand und bereits früher erfolgte Planungsmassnahmen (Ehevertrag, Erbvertrag, Testament). Eine Auflistung der Vermögenswerte erleichtert später die Bestimmung des Nachlasses. Und eine Liste über Schenkungen und Erbvorbezüge, und wie diese im Rahmen des Nachlasses zu behandeln sind, klärt auch diesen oft heiklen Punkt.

Schritt 2: Güterrechtliche Auseinandersetzung

Bevor geerbt werden kann, muss ermittelt werden, was bzw. wie viel überhaupt vererbt wird. Bei Eheleuten führt dies zu einer güterrechtlichen Auseinandersetzung. Das Resultat sind die Vermögensteile, die in den Nachlass gehören. Entscheidend für diese Frage ist der Güterstand.

Das Vorgehen in der Nachlassplanung

Schritt 1: **Ausgangslage**	• Persönliche Eckdaten • Vermögensstand und Inventar • Güterstand • Familiäre Situation • Bereits vorhandene Dispositionen
Schritt 2: **Güterrechtliche Auseinandersetzung**	• Vermögenstrennung zwischen Mann und Frau (abhängig vom Güterstand: Errungenschaftsbeteiligung, Gütertrennung, Gütergemeinschaft) • Bestimmung des Umfanges des vererbbaren Nachlasses
Schritt 3: **Rahmenbedingungen, Pflichtteile, Steueraspekte**	• Bestimmung der gesetzlichen Erben • Teilung der Erbschaft ohne Testament • Pflichtteilsbestimmung • Bestimmung der freien Quote • Bestimmung der Erbschaftssteuer
Schritt 4: **Definition der Erbverteilung**	• Bestimmung der individuellen Wünsche des Verfügenden • Wahl der Planungsinstrumente (z.B. Wechsel des Güterstandes, Erbverzichtserklärungen, Nutzniessungsverträge)
Schritt 5: **Testament und Verträge**	• Errichtung eines Testaments • Errichtung von Ehe- und/oder Erbvertrag • Weitere Massnahmen zu Lebzeiten • Einsetzung eines Willensvollstreckers
Schritt 6: **Willensvollstrecker**	• Güterrechtliche Auseinandersetzung • Vorbereitung der Erbschaftsteilung nach Testament

Schritt 3: Rahmenbedingungen

In Schritt 2 wurde der Nachlass ermittelt. Nun geht es darum, festzustellen, wer den Nachlass erben soll. Am besten spielt man durch, was passieren würde, wenn ohne irgendwelche zusätzlichen Massnahmen der Erbfall eintreten würde. Wer wären die gesetzlichen Erben, wer wären die pflichtteilsgeschützten Erben und wie hoch wären die Pflichtteile? Welche eingesetzten Erben kämen zum Zug, würden Pflichtteile verletzt werden; was wären die Steuerfolgen für die Erben? usw.

Schritt 4: Definition der Erbverteilung

Das Resultat von Schritt 3 stellt man jetzt den individuellen Wünschen des Erblassers gegenüber. Gibt es keine Abweichungen zwischen der gewünschten Erbverteilung und dem in Schritt 3 durchgespielten Erbfall, so sind auch keine weiteren Planungsmassnahmen notwendig. In den meisten Fällen kommt es jedoch zu Abweichungen. Beispielsweise ist der überlebende Ehegatte nicht optimal abgesichert. Oder das Testament verletzt Pflichtteile und wird damit anfechtbar. Oder ein gesetzlicher Erbe erhält mehr, als der Erblasser es wünscht, dafür ein anderer Erbe zu wenig. Oder die Formulierungen im Testament sind unklar, geben damit Interpretationsspielraum und somit Potenzial für Konflikte. Oder spezielle Auflagen und Verfügungswünsche gingen vergessen. Oder die Erbschaftssteuer wurde bislang gar nicht berücksichtigt.
Sind die Ziele des Erblassers erst einmal klar formuliert, kann der erfahrene Berater auch entsprechende Planungsinstrumente vorschlagen. Einige Massnahmen haben wir in den vorangegangenen Kapiteln kennen gelernt: Schen-

kungen und Erbvorbezüge, Nutzniessungs- und Wohnrecht, Zuweisung des gesamten Vorschlags an den überlebenden Ehegatten, Wechsel des Güterstandes, Aufsetzen oder Ändern eines Testaments, Eheverträge und Erbverträge, Erbverzicht, Abschluss von Lebensversicherungen usw.

Schritt 5:
Testament
und Verträge

In Schritt 5 werden die verabschiedeten Massnahmen umgesetzt. Das bedeutet, dass Testamente formuliert und gegebenenfalls öffentlich beurkundet werden. Weiter werden Ehe- und/oder Erbverträge errichtet. Beabsichtigte Erbvorbezüge werden jetzt vorgenommen oder zumindest zeitlich geplant. Die Geschäftsnachfolge und alle damit zusammenhängenden Dinge werden in die Wege geleitet.

Schritt 6:
Willens-
vollstrecker

Wer sichergehen will, dass sein letzter Wille möglichst reibungslos umgesetzt wird, sollte einen Willensvollstrecker einsetzen. Besonders bei verzwickten familiären Verhältnissen – beispielsweise mehrere Ehen mit Nachkommen oder bei Adoptivkindern –, aber auch bei komplexen Vermögensverhältnissen lohnt sich der Einsatz eines Willensvollstreckers. Sinnvollerweise wird der Willensvollstrecker in die Nachlassplanung mit einbezogen, damit er noch auf die Ausgestaltung der Planungsinstrumente Einfluss nehmen und sich rechtzeitig auf die Situation einstellen kann.

Willensvollstreckung

Der Willensvollstrecker, auch Testamentsvollstrecker genannt, wird vom Erblasser in seiner letztwilligen Verfügung eingesetzt. Er ist zu unterscheiden vom Erbenvertreter, der von den Erben als Vertreter der Erbengemeinschaft bei der zuständigen Behörde beantragt und von dieser bestellt wird.

Wer wird Willensvollstrecker?

Der Erblasser setzt als Willensvollstrecker eine oder mehrere Personen oder eine Gesellschaft ein. Auch Miterben kommen als Willensvollstrecker in Frage; aus Gründen der Neutralität empfiehlt es sich jedoch, eine andere Person zu beauftragen, beispielsweise einen guten Freund. Sinnvollerweise verfügt der Willensvollstrecker auch über entsprechendes Fachwissen, weshalb häufig ein Notar, Anwalt, Steuerberater oder Treuhänder eingesetzt wird. Wählt man eine bestimmte Person, so sollte man auch deren Ersatz bestimmen, falls der oder die Betreffende die Willensvollstreckung nicht übernehmen kann. Bei Gesellschaften ist in der Regel die Kontinuität gewährleistet. Hier kommen Banken, Treuhand- oder Vermögensverwaltungsgesellschaften in Frage.

Vertreter des Erblassers

Zur Plausibilisierung seiner Wahl sollte sich der Erblasser fragen, ob der von ihm vorgesehene Willensvollstrecker in bestimmten Situationen gleich oder ähnlich reagieren würde wie der Erblasser selbst. Dasselbe gilt für den Stil und die Philosophie, die Erblasser und Willensvollstrecker vertreten. Schliesslich ist es auch noch wichtig, dass der Willensvollstrecker von den Erben akzeptiert wird.

Einsatz des Willens-vollstreckers

Den Willensvollstrecker bestimmt man in einer letztwilligen Verfügung, also in einem Testament oder in einem Erbvertrag. Der Willensvollstrecker wird von der zuständigen Behörde informiert und hat 14 Tage Zeit, zuzustimmen (Stillschweigen gilt als Zustimmung).
Um Unklarheiten auszuräumen, sollte der Erblasser die Handlungsbefugnis und die Vollmachten des Willensvollstreckers vor allem im Zusammenhang mit grundbuchlichen Verfügungen näher umschreiben. So ist gewährleistet, dass der Willensvollstrecker nicht nur Grundeigentum veräussern, sondern auch an bestimmte Erben zuteilen kann (selbstverständlich immer nur, wenn das im Rahmen der letztwilligen Verfügung so vorgesehen bzw. notwendig ist).

Aufgaben des Willens-vollstreckers

Der Willensvollstrecker hat weitgehende Rechte, aber auch Pflichten gegenüber dem Erblasser und den Erben. Eine der wichtigsten Aufgaben betrifft die Teilung der Erbschaft nach den vom Erblasser getroffenen Anordnungen (oder nach dem Gesetz). Hier muss der Willensvollstrecker auch ausgleichend, vermittelnd, ja sogar schiedsrichterlich wirken, um die Erbteilung im Sinne des Erblassers voranzutreiben und durchzuführen. Er ist unter anderem befugt, Schulden zu tilgen, Vermächtnisse auszurichten und Teile des Nachlasses zu veräussern, um flüssige Mittel zu beschaffen. Andererseits kann er auch den Erben gegenüber schadenersatzpflichtig werden, wenn er beispielsweise eine Liegenschaft unter dem mit den Erben abgesprochenen Preis verkauft.

Beratung der Erben

Eine Zusatzaufgabe hat der Willensvollstrecker als Berater der Erben. Beispiel: Soll der überlebende Ehegatte die Nutzniessung oder das Wohnrecht am (bislang gemeinsam bewohnten) Haus verlangen? Oder soll er anstelle von Nutzniessung oder Wohnrecht das Haus zu Eigentum verlangen (immer unter Anrechnung auf den Vorschlagsteil bzw. den Erbteil)? Diese und andere Fragen soll der Willensvollstrecker helfen zu beantworten.

Aufgaben des Willensvollstreckers

Kern-Aufgaben

- Vorbereitung und Durchführung der Erbteilung
- Verwaltung der Erbschaft, vor allem der Liegenschaften und der Wertschriften
- Bezahlung von Schulden
- Ausrichtung von Vermächtnissen
- Verwaltung von Erbteilen, bis testamentarisch festgelegte Bedingungen eintreten (z.B. Volljährigkeit)
- Vertretung gegenüber Banken, Behörden, Grundbuchamt

Zusatz-Aufgaben

- Beratung der Erben, insbesondere des überlebenden Ehegatten
- Vermittlung unter den Erben, vor allem bei unterschiedlichen Vorstellungen und bei Streit

Vertretung gegenüber Dritten

Der Willensvollstrecker steht in Verbindung mit Banken, Behörden, dem Grundbuchamt und auch Gläubigern, denen er Schulden des Erblassers bezahlt. Diese Vertretungsfunktion gegenüber verschiedenen Ansprechpartnern und Schnittstellen ist vor allem dann von Vorteil, wenn es mehrere Erben gibt oder wenn Erben nur schwer zu erreichen sind, weil sie beispielsweise im Ausland wohnen.

Verwaltung von Erbteilen

Zu den Aufgaben des Willensvollstreckers gehört es auch, Erbteile zu verwalten, bis die testamentarisch festgelegten Bedingungen zur Aushändigung des Erbteils in Erfüllung gehen. Ein Beispiel in diesem Zusammenhang ist die Volljährigkeit von Kindern des Erblassers.

Angemessene Vergütung

Die Vergütung eines Willensvollstreckers soll laut Gesetz «angemessen» erfolgen. Leider gibt es keinen allgemein gültigen Tarif. In der Praxis hat sich eine Entschädigung von ein bis drei Prozent des Bruttovermögens etabliert. Es gibt aber auch Willensvollstrecker, die einfach ihren Stundenaufwand verrechnen. Es empfiehlt sich, die Kostenfrage im Voraus zu klären und festzuhalten.

Ende der Willensvollstreckung

Ein von allen Erben akzeptierter Willensvollstrecker trägt massgeblich zu einer raschen und reibungslosen Erbteilung bei. Nach dem Vollzug der Erbteilung ist seine Arbeit beendet.

Massnahmen bei einem Todesfall

Eine Nachlassplanung umfasst auch Vorkehrungen für den Todesfall. Am besten hinterlegt man die wichtigsten Anordnungen bei einer Vertrauensperson.

Anordnungen für den Todesfall

In den «Anordnungen für den Todesfall» regelt man, wer benachrichtigt werden soll. Dazu gehören im Sinne einer Checkliste Institutionen und Behörden, die durch den Todesfall betroffen sind (Zivilstandsamt/Bestattungsamt, Arbeitgeber, Militär, Bestattungsinstitut, Pfarrer). Aber auch eine Adressliste von Verwandten und Bekannten sollte erstellt werden, weiter Wünsche für das Leidzirkular, für die Todesanzeige und für die Bestattung. Hat man einen Willensvollstrecker eingesetzt, kann man auch das hier bereits ankündigen.

Wo werden wichtige Dokumente aufbewahrt?

Damit der Erbgang ohne Hindernisse ablaufen kann, sollte der Erblasser festhalten, wo er wichtige Dokumente aufbewahrt hat: Testament und Erbverträge, Eheverträge, Gesellschafts- und Aktionärsbindungsverträge, AHV-, Pensionskassen- und Krankenkassen-Ausweise, Versicherungspolicen, Bankbelege und Steuerakten.

Die Behörde steuert den Erbgang

Der Ablauf für die Erben wird weitgehend durch die zuständige Behörde gestaltet. Die wichtigsten Stationen sind Testamentseröffnung, Inventarisierung, Annahme bzw. Ausschlagung der Erbschaft, Erbbescheinigung und Erbteilung (siehe dazu auch Kapitel 4 «Der letzte Wille»).

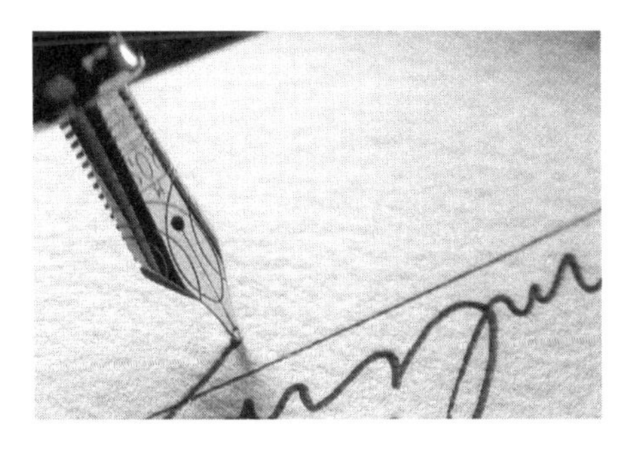

Anhang

Autoren

Matthias Reinhart

Mitgründer und Mitglied der VZ-Geschäftsleitung. Betriebswirtschaftsstudium an der Hochschule St. Gallen. Nach mehrjähriger Tätigkeit bei der Unternehmensberatung McKinsey & Company in Zürich und Chicago gründete Matthias Reinhart zusammen mit Max Bolanz (†) im Jahr 1992 das VZ. Matthias Reinhart publiziert regelmässig Fachartikel zum Thema Pensionierung, Anlagen, Steuern und Liegenschaftenfinanzierungen. Co-Autor der Bestseller «GeldTip», «SteuerTipp» und «Anlagestrategien für Leute ab 50».

Giulio Vitarelli

Rechtswissenschaftsstudium an der Universität Zürich. Als erfahrener VZ-Berater steht er in täglichem Kundenkontakt. Im Herbst 2002 übernimmt Giulio Vitarelli die Leitung des VZ VermögensZentrum in Basel.

Kurzportrait VZ VermögensZentrum

Die VZ VermögensZentrum AG wurde 1992 von Max Bolanz (†) und Matthias Reinhart in Zürich gegründet. Mittlerweile ist das VZ an vier Standorten in der Schweiz – Zürich, Basel, Bern und Zug (Lausanne ab Herbst 2002) – und einem Standort in Deutschland (München) vertreten. Von den aktuell 200 Mitarbeitern sind zwei Drittel in der Beratung und ein Drittel im Research, Produktmanagement und Back-Office tätig.

Das führende Beratungsunternehmen im «Financial Consulting»

Das VZ VermögensZentrum gilt als das führende unabhängige Beratungsunternehmen auf dem Gebiet des «Financial Consulting». Ob Sie Vermögen bilden, vermehren oder neu strukturieren möchten – im VZ sind Sie an der richtigen Adresse. Dies gilt besonders für anspruchsvolle Situationen wie Liegenschaftenkauf und -verkauf, die Pensionierung und Erbschaften bzw. Schenkungen. Als Vermögensverwalter bewirtschaftet das VZ aktiv Wertschriftendepots von Kunden, und als Willensvollstrecker setzt das VZ Nachlassplanungen um.

Telefonische Terminvereinbarung

Vereinbaren Sie unter folgenden Telefon-Nummern den Termin für ein kostenloses Erstgespräch:

- Basel: Tel. 061-279 89 89
- Bern: Tel. 031-329 26 26
- München: Tel. 0049 (0)89-288 117 0
- Zug: Tel. 041-726 11 11
- Zürich: Tel. 01-207 27 27

Stichwortverzeichnis

Seite

Autoren vom
VZ VermögensZentrum:
Max Bolanz,
Matthias Reinhart

436 Seiten, Leinen mit
Schutzumschlag
ISBN 3-7064-0718-3

Überall im Buchhandel
erhältlich

Der Klassiker in der dritten, überarbeiteten und aktualisierten Auflage

Mit Lancierung des «GeldTips» konnte 1995 eine echte Marktlücke abgedeckt werden.

Die nun vollständig überarbeitete und aktualisierte 3. Auflage wurde um wesentliche Teile ergänzt. Im Kapitel «Geldanlagen und Vermögen» werden Aktien als Anlagemedium der Zukunft detailliert untersucht. Die «persönliche Vorsorge» wurde um die Neuerungen der 10. AHV-Revision ausgebaut. Dem Thema Pensionierung wurde noch mehr Platz eingeräumt. Das Kapitel «Versicherungen» enthält aktuellste Prämienvergleiche.
Das Kapitel «Immobilien und Hypotheken» wurde der aktuellen Wohn-, Kauf- und Finanzierungssituation angepasst. Bei den «Steuern» berücksichtigen die Autoren die neuesten gesetzlichen Rahmenbedingungen und erweitern um das Thema Erbschafts- und Schenkungssteuern.
Die Autoren geben klare Empfehlungen, warnen vor unseriösen Angeboten und geben einfache, aber überzeugende Entscheidungshilfen.